New Concept Chinese

总 监 制：许　琳

监　　制：夏建辉　　戚德祥

　　　　　张彤辉　　顾　蕾　　王锦红

顾　　问：[法]白乐桑　　邓守信　　[日]古川裕

　　　　　[美]姚道中　　[英]袁博平

审　　订：刘　珣

主　　编：崔永华

副 主 编：张　健　　彭志平

编　　者：彭志平　　李　琳　　于　淼

英文翻译：孙玉婷

英文审订：佘心乐

"十二五"国家重点出版物出版规划项目

New Concept
Chinese

新概念汉语

练习册 3

Workbook 3

英语版

崔永华 主编

使用说明

本书是《新概念汉语》第三册的练习册，配合《新概念汉语》第三册课本学习、使用。

本练习册可以按以下方式使用：

（1）课后使用。学生在复习完课本的内容后，书面完成练习册中的各项练习。

（2）课堂使用。课时充裕的班级，可以在教师指导下完成。这样做的好处是可以提高练习的效率，减少错误，节省学生的时间。

（3）课堂和课后结合使用。课堂上，先在教师的指导下口头练习，然后学生在课后书面完成。这样既可以提高练习的效率、减少错误，又可以节省课堂时间。

（4）各项书写练习，有汉字书写能力的学生，尽量用汉字完成；还不具备汉字书写能力的，可以用汉语拼音完成；也可以汉字和汉语拼音混合使用。

本练习册包括以下6种练习：

(1) 词汇练习

帮助学生复习、巩固本课学习的新词语。强调对生词的音、形、义的理解、记忆，以及生词的用法。

(2) 语法练习

帮助学生复习、巩固本课学习的语法点。学生可以通过自己的思考进行选择、组织、补充，用本课的语法点生成有用的、有意思的短语或句子。

(3) 听力练习

帮助学生复习、巩固本课所学的词汇和语法点。将本课新词语和语法点放在具体的语境（短句、对话）中，学生先听，然后理解并在备选答案中做出选择。

(4) 汉字练习

每课都有汉字练习，或选字填空，或看拼音写出相应的汉字，或用所给汉字组词。希望学生通过这些练习能够记住一些常用的汉字字形、字音和字义。此外，每课还有两个听写句子，让学生边听边用汉字写出句子。

(5) 交际练习

有看图或根据提示词语完成对话，也有根据实际情况回答问题。目的是让学生在给定的语境下，用所学的词汇、语法点和表达方式进行交际练习。

(6) 语篇练习

本项练习有两种形式：一是语句排序，让学生学习汉语语段的结构；二是完成一段话，让学生用所学词汇、语法点和表达方式，按照汉语的表述习惯，较完整、得体地表达或叙述一件事情。

学好一门外语，必须进行大量的练习。本练习册设计了形式多样的词汇练习、语法练习、汉字练习，以及听力练习、交际练习、语篇练习。这些练习内容上尽量做到有用、有意思、有意义，贴近实际。学生通过这些练习，可以更好地理解、记忆并掌握所学内容。

本练习册中的大部分练习毕竟是"操练"，学好并掌握一门外语还需要靠"用"，即所谓"在用中学"。希望学生能够寻找并抓住各种机会，用汉语跟老师、跟同学、跟中国人进行真实的交际，这样你们的汉语一定能学得又快又好。

Guide to the Use of the Workbook

This is Workbook 3 of *New Concept Chinese*, matching Textbook 3.

This workbook can be used in the following ways:

(1) After class: Students do the exercises in the workbook in writing after reviewing what has been learned in the textbook.

(2) In class: For classes with plenty of time, the exercises in the workbook can be completed under the guidance of the teacher, which helps improve efficiency, reduce mistakes and save students' time.

(3) Both in and after class: Students can first do the exercises orally in class under the guidance of the teacher and then complete them in writing after class, which can improve efficiency, reduce mistakes, and save time in the classroom.

(4) For the written exercises, students capable of writing Chinese characters should try their best to complete them in Chinese characters; students incapable of writing Chinese characters can complete them in Chinese *pinyin*; they can also make a mixed use of Chinese characters and Chinese *pinyin*.

The exercises in this workbook fall into six types as follows:

(1) **Vocabulary Exercises:** This part helps students review and grasp the new words learned in each lesson, stressing students' understanding and memory of the pronunciation, form and meaning of each new word, as well as its use.

(2) **Grammar Exercises:** This part helps students review and grasp the grammar points learned in each lesson, enabling them to make choices, organize phrases, add examples and use the grammar points to generate useful and interesting phrases or sentences.

(3) **Listening Exercises:** This part helps students review and grasp the vocabulary and grammar points learned in each lesson. The new words and grammar points are placed in specific contexts (short sentences and dialogues) for students to listen to and then answer multiple-choice questions based on their comprehension.

(4) **Exercises on Chinese Characters:** Every lesson is provided with exercises on Chinese characters, such as filling blanks, writing characters based on *pinyin*, or making words with the given characters, in the hope that students, through doing these exercises, will remember the form, pronunciation and meaning of some common Chinese characters. Besides, in each lesson there are two dictation sentences for students to write them down in Chinese characters.

(5) **Communicative Exercises:** Exercises in this part mainly include completing dialogues based on pictures or prompts and answering questions based on real situations, aiming to train students' ability to use the vocabulary, grammar points and expressions they've learned to communicate in the given contexts.

(6) **Textual Exercises:** This part includes two types of exercises. One is putting sentences in order, which helps students learn the structures of Chinese discourses; the other is completing a paragraph, which requires students to express or narrate an event idiomatically and in a relatively complete and appropriate way using the vocabulary, grammar points and expressions they've learned.

Students need to do a great many exercises to learn a foreign language well. This workbook provides a good variety of exercises on vocabulary, grammar and Chinese characters as well as listening, communicative and textual exercises, all of which are made as useful, interesting and meaningful as possible to help students better understand, remember and grasp what they've learned.

Nevertheless, it should be remembered that the majority of the exercises in the workbook are merely drilling practice. The best way to learn a foreign language is to use it. If the students can seek and seize every opportunity in real life to communicate in Chinese with their teachers, classmates and other Chinese people, they will learn Chinese fast and well.

目录

课号	标题	页码
1	第一次上路	2
2	您找我有事儿吗	7
3	一片绿叶	12
4	影子	17
5	画像	22
6	想哭就哭吧	27
7	照片是我照的	31
8	采访	36
9	袁隆平	41
10	幸福像自助餐	46
11	水星	51
12	送蜡烛	56
13	卖扇子	61
14	找声音	66
15	一封被退回来的信	72
16	汽车的颜色和安全	77
17	明天别来了	82
18	狗不理	87
19	不敢说	92
20	数字中国	97
录音文本		102

Contents

Lesson	Title	Page
1	My first time driving on the road	2
2	Is there anything I can do for you	7
3	A green leaf	12
4	The shadow	17
5	Painting a portrait	22
6	Cry if you want to	27
7	It's me who took the picture	31
8	Interviewing Qian Zhongshu	36
9	Yuan Longping, Father of Hybrid Rice	41
10	Happiness is like a buffet	46
11	The planet Mercury	51
12	Offering a candle	56
13	Selling fans	61
14	Looking for your voice	66
15	A returned mail	72
16	Car color and safety	77
17	Don't come tomorrow	82
18	*Goubuli*, Go Believe	87
19	I dare not say	92
20	Numbers in China	97
Listening Scripts		102

Lesson 1

Dì-yī cì shàng lù
第一次上路
My first time driving on the road

一 词汇练习 Vocabulary Exercises

1. 连线并朗读。Match and read aloud.

(1) 汽车　　　　　　熄火了

(2) 时间

　　　　　　　　　　亮了

(3) 灯

(4) 颜色　　　　　　变了

2. 选词填空并朗读。Choose a word to fill in each blank and then read the sentences aloud.

(1) 你的车____来了吗？我的车____不了了。（a. 动　b. 开）
Nǐ de chē lái le ma? Wǒ de chē bu liǎo le. dòng kāi

(2) 老人 梦到 自己____年轻 了，头发 也____了黑色。（a. 变　b. 变成）
Lǎorén mèngdào zìjǐ niánqīng le, tóufa yě le hēisè. biàn biànchéng

(3) 这 种 灯____了以后，还可以____颜色。（a. 亮　b. 变）
Zhè zhǒng dēng le yǐhòu, hái kěyǐ yánsè. liàng biàn

(4) 每 天 早上 我 开 车____前，妈妈 都 会 说："____小心！"（a. 路上　b. 上 路）
Měi tiān zǎoshang wǒ kāi chē qián, māma dōu huì shuō: " xiǎoxīn!" lùshang shàng lù

(5) 过 生日 的 时候，男朋友 给了 我 一 个____，我 很____。（a. 兴奋　b. 惊喜）
Guò shēngrì de shíhou, nánpéngyou gěile wǒ yí ge wǒ hěn xīngfèn jīngxǐ

(6) 这 是 一 场____的 足球 比赛，每 个 人 都 很____。（a. 紧张　b. 激烈）
Zhè shì yì chǎng de zúqiú bǐsài, měi ge rén dōu hěn jǐnzhāng jīliè

3. 选词填空并朗读。Choose a word to fill in each blank and then read the sentences aloud.

a. 爱	b. 岁	c. 台	d. 政治	e. 出差	f. 暑假
ài	suì	tái	zhèngzhì	chūchāi	shǔjià

(1) 我 今年 30____，是 一 个 老师。
Wǒ jīnnián shì yí ge lǎoshī.

(2) 这____电脑 是 我 去年 买 的。
Zhè diànnǎo shì wǒ qùnián mǎi de.

(3) 北京 既 是 中国 的____中心，又 是 中国 的 文化 中心。
Běijīng jì shì Zhōngguó de zhōngxīn, yòu shì Zhōngguó de wénhuà zhōngxīn.

(4) 去年____，我 和 同学 一起 在 一 个 饭馆儿 工作。
Qùnián wǒ hé tóngxué yìqǐ zài yí ge fànguǎnr gōngzuò.

(5) 我们 班 有 人 喜欢 喝 咖啡，也 有 人____喝 茶。
Wǒmen bān yǒu rén xǐhuan hē kāfēi, yě yǒu rén hē chá.

(6) 这 是 我 第一 次 一 个 人____，有点儿 紧张。
Zhè shì wǒ dì-yī cì yí ge rén yǒudiǎnr jǐnzhāng.

4. 写出你知道的颜色词，越多越好。 Write down the color words you know. The more, the better.

_____   _____   _____

_____   _____   _____

二 语法练习 Grammar Exercises

1. 用下列词语组句，并将句子变成否定句，然后朗读。 Make sentences using the following words/phrases, turn the sentences into negative ones, and then read them aloud.

(1) 过得 有意义 又 今年 暑假 既 充实

→ _____

(2) 整齐 又 这个 房间 既 干净

→ _____

(3) 既 方方 漂亮 年轻 又

→ _____

(4) 他 又 我的老师 我的朋友 是 既 是

→ _____

(5) 这儿 又 既 能上网 能复印

→ _____

(6) 想学相声 我 既 又 想学中国画

→ _____

2. 用"又"或"再"填空，然后朗读。 Fill in the blanks with "又" or "再", and then read the sentences aloud.

(1) 那个相声真有意思，我上午听了一遍，下午_____听了一遍。

(2) 我们都觉得那个电影非常好看，这个周末想_____去看一次。

(3) 刚才我_____去了一趟办公室，老师还是不在。

(4) 妈妈给我买的这双运动鞋既酷又舒服，我还想_____买一双。

(5) 老师，您可以_____说一遍吗？我没听清楚。

(6) 你怎么_____喝咖啡了？刚才不是喝了一杯吗？

3

3. 根据提示词语，用"既……又……"或"又"完成句子，然后朗读。Complete the sentences using "既……又……" or "又" based on the hints given, and then read the sentences aloud.

(1) 这个电影_____（有意思，精彩）。我昨天_____（看），今天_____（看）。

(2) 那个城市_____（漂亮，干净）。阿里去年暑假_____（去），今年暑假_____（去）。

(3) 本杰明喜欢动物，_____（养狗，养猫）。三年前他_____（一只狗），前年_____（两只猫）。

(4) 上个周末朋友请我去饭馆儿吃饭，昨天_____（请），可是我觉得那个饭馆儿的菜_____（不好吃，不便宜）。

(5) 那个购物中心安妮和她朋友前天_____（逛），昨天_____（逛），她们都觉得那儿的衣服_____（好看，便宜）。

(6) 去年刘小双_____（买），用坏了；今年_____（买），也坏了。小双觉得这种电脑_____（不便宜，不好用）。

三 听力练习 Listening Exercises

1. 听录音，选择跟对话相关的图片。Listen to the recording and match the dialogues with the pictures.

01-1

(1) Ⅰ._____ Ⅱ._____

A   B

(2) Ⅰ._____ Ⅱ._____

A   B

4

2. 听句子，选择正确答案。Listen to the sentences and choose the right answers.

01-2

(1) a. jǐnzhāng 紧张　　　b. gāoxìng 高兴　　　c. xīngfèn 兴奋

(2) a. xī huǒ le 熄火了　　b. méi děng wǒ 没等我　　c. kāi de tài kuài le 开得太快了

四 汉字练习　Exercises on Chinese Characters

1. 辨认汉字，选择正确的汉字填空，然后朗读。Distinguish the characters, choose the right character to fill in each blank, and then read the sentences aloud.

(1) Nàge hái bèi qìchē zhuàngdǎo le, tuǐ dòng bu le.
那个孩____被汽车撞倒了，腿动不____了。(a. 了　b. 子)

(2) Wǎnshang, nà zuò lóu shang de dēng dōu le.
晚上，那座____楼上的灯都____了。(a. 高　b. 亮)

2. 听写句子。Write down the sentences you hear.

01-3

(1) _____

(2) _____

五 交际练习　Communicative Exercise

根据提示词语完成对话。Complete the dialogues based on the hints given.

(1) A：Nǐ 你_____？

B：Wǒ zài kàn shū ne. 我在看书呢。

A：Zhè běn shū 这本书_____？

B：_____。(jì…… yòu…… 既……又……)

A：Zhè běn shū jiǎng de shì shénme? 这本书讲的是什么？

B：_____。

(2) A：Tīngshuō nǐ qù yìngpìn xiāoshòuyuán le? 听说你去应聘销售员了？

B：_____。

A：Gōngsī shì zěnme miànshì de? 公司是怎么面试（to interview）的？

B：_____。(yòu 又)

A：Zhè liǎng cì miànshì dōu hěn nán ma? 这两次面试都很难吗？

B：_____。

5

六 语篇练习　Textual Exercise

根据提示词语，并结合自己的实际情况完成下面两段话。 Complete the following two paragraphs based on the hints given and your own situations.

(1) 我给大家介绍一位明星，他/她叫_____，是_____人。因为他/她
_____（既……又……），_____我很喜欢他/她。
他/她演过很多电影，我最喜欢_____。

(2) 我和_____是好朋友。他/她_____（既……又……）。
我们的爱好_____。_____的时候，我们一起旅游，去了_____
_____，_____（又）。_____坐火车很累，_____我们
一边看风景一边聊天儿，很高兴。

Lesson 2

Nín zhǎo wǒ yǒu shìr ma
您找我有事儿吗
Is there anything I can do for you

一 词汇练习 Vocabulary Exercises

1. 根据图片选择相应的动词。 Choose the right verb for each picture.

a. 戴　　b. 倒　　c. 爬　　d. 笑　　e. 望　　f. 扑

(1) _____　(2) _____　(3) _____　(4) _____　(5) _____　(6) _____

2. 选词填空并朗读。 Choose a word/phrase to fill in each blank and then read the sentences aloud.

```
     duì         yíxiàzi      xíngshǐ      yǐwéi      chǎo jià     jíshāchē
a. 对    b. 一下子    c. 行驶    d. 以为    e. 吵架    f. 急刹车
```

　　　　 Qìchē　　　 de shíhou, qǐng búyào gēn sījī shuō huà.
(1) 汽车_____的时候，请不要跟司机说话。

　　　 Yì zhī xiǎo māo tūrán pǎodào mǎlù zhōngjiān, sījī kànjiàn hòu mǎshàng
(2) 一只 小 猫 突然 跑到 马路 中间，司机 看见 后 马上 _____。

　　　 Zuótiān yéye gēn nǎinai　　　 le, xiànzài tāmen liǎng ge rén hái bù shuō huà.
(3) 昨天 爷爷 跟 奶奶_____了，现在 他们 两 个 人 还 不 说 话。

　　　 Wǒ　　 "wǒ qù fāngbiàn yíxià" de yìsi shì shuō "zhèli bù fāngbiàn".
(4) 我_____"我 去 方便 一下"的 意思 是 说"这里 不 方便"。

　　　 Lín Mù měi cì jìn bàngōngshì dōu yào　　　 wǒmen shuō "dàjiā hǎo".
(5) 林木 每 次 进 办公室 都 要_____我们 说"大家 好"。

　　　 Wǒmen zhèngzài jiàoshì shàng kè, Dàwèi　　　 chōngle jìnlai.
(6) 我们 正在 教室 上 课，大卫_____冲 了 进来。

3. 选词填空并朗读。 Choose a word to fill in each blank and then read the sentences aloud.

　　　 Wǒ bú yòng sùliàodài, yīnwèi yòng jǐ cì hòu jiù huì　　　, hái　　 huánjìng. huài pòhuài
(1) 我 不 用 塑料袋，因为 用 几 次 后 就 会_____，还_____环境。(a. 坏　b. 破坏)

　　　 Nǐ　　 zǎo diǎnr lái, jīnglǐ xiànzài bù fāngbiàn jiàn nǐ, nǐ bù　　 jìnqu. yīnggāi néng
(2) 你_____早点儿 来，经理 现在 不 方便 见 你，你 不_____进去。(a. 应该　b. 能)

　　　 Dìdi jīnnián　　　 suīrán　　 hái hěn xiǎo, dànshì yǐjīng dàxué bì yè le.
(3) 弟弟 今年 16_____，虽然_____还 很 小，但是 已经 (already) 大学 毕业 了。
　　　 niánlíng suì
　　　 (a. 年龄　b. 岁)

　　　 Nǐ bié　　, wǒ shízài méiyǒu bān zhuōzi le. shēngqì lìqi
(4) 你 别_____，我 实在 (really) 没有_____搬 桌子 了。(a. 生气　b. 力气)

　　　　 gēge jiù yào chū guó liú xué le, tā dǎsuàn bì yè　　 huí guó gōngzuò. hòu hòutiān
(5) _____哥哥 就 要 出 国 留 学 了，他 打算 毕业_____回国 工作。(a. 后　b. 后天)

　　　 Érzi mǎile yì tiáo　　 sònggěi māma, mǎile yì tiáo　　 sònggěi bàba. lǐngdài xiàngliàn
(6) 儿子 买了 一 条_____送给 妈妈，买了 一 条_____送给 爸爸。(a. 领带　b. 项链)

7

4. 选择合适的动词填空。 Choose a proper verb to fill in each blank.

> a. 系 (jì)　　b. 穿 (chuān)　　c. 戴 (dài)

(1) 明天我想_____这件白衬衫。

(2) 你看那个_____着耳机的人，他就是江日新。

(3) 你帮我看看，我_____哪条领带更好看？

(4) 你_____这条珍珠项链很漂亮。

(5) 你怎么这么早就_____裙子了？外边还很冷呢。

(6) 今天风大，你_____上帽子吧。

二 语法练习　Grammar Exercises

1. 用下列词语组句，然后朗读。 Make sentences using the following words/phrases, and then read the sentences aloud.

(1) 一边　写　作业　着　听　音乐　一边　阿里　着
→ _____

(2) 下　雨　你　着　吧　外面　带上　伞　呢
→ _____

(3) 手机　桌子上　着　你　呢　放　的　在
→ _____

(4) 等　我　到　很快　你　就　我　着　在　地铁站
→ _____

(5) 灯　一定　亮　房间里　有人　着　的
→ _____

(6) 窗　外　坐　在　望　风景　着　她　沙发上　的
→ _____

2. 根据提示词语，用"却"完成句子，然后朗读。 Complete the sentences using "却" and the cue words/phrases, and then read them aloud.

(1) 这是我第一次开车上路，_____（不紧张）。

(2) 红灯 亮了，可是那辆车_____（停）。

(3) 我知道这个词的发音，_____（汉字）。

(4) 我在跟女朋友说话，可是她_____（窗外）。

(5) 我的一位西班牙同事在北京生活了很多年，_____（北京烤鸭）。

(6) 我想买那个红色的耳机，_____（白色）。

3. 把括号里的词语填到句中合适的位置。 Choose the right position for each word in the bracket.

(1) 我__a__现在想喝杯咖啡，__b__这个地方__c__没有。（却）

(2) 这个故事__a__很短，__b__很有意思__c__。（却）

(3) 妻子__a__想跟丈夫吵一架，可是__b__丈夫__c__对妻子笑了笑。（却）

(4) 你看__a__，大家都在聚会上高兴地跳__b__舞__c__呢。（着）

(5) 我看见__a__大卫拿__b__一个黑色的塑料袋出去__c__了。（着）

(6) 爸爸和女儿坐__a__在沙发上，聊__b__刚才的足球比赛__c__。（着）

三　听力练习　Listening Exercises

1. 听录音，选择跟对话相关的图片。 Listen to the recording and match the dialogues with the pictures.

(1) Ⅰ._____　　Ⅱ._____

A　　B

(2) Ⅰ._____　　Ⅱ._____

A　　B

2. 听句子，选择正确答案。 Listen to the sentences and choose the right answers.

(1) Tā kěnéng zài nǎr?
　　他 可能 在 哪儿？
　　A. huǒchē shang 火车 上　　B. zìjǐ de guójiā 自己 的 国家　　C. chuāng wài 窗 外

(2) Guānyú zhè cì bǐsài, wǒmen kěyǐ zhīdào:
　　关于 这 次 比赛，我们 可以 知道：
　　A. Ānni shū le 安妮 输 了　　B. Ānni huò jiǎng le 安妮 获 奖 了　　C. lǎoshī shū le 老师 输 了

四 汉字练习　Exercises on Chinese Characters

1. 用下列汉字组词。 Make words using the following characters.

(1) 以：_____、_____、_____、_____

(2) 行：_____、_____、_____、_____

2. 听写句子。 Write down the sentences you hear.

(1) _____

(2) _____

五 交际练习　Communicative Exercise

根据提示词语，用"v. + 着"或"却"完成对话。 Complete the dialogues using "v. + 着" or "却" based on the hints given.

(1) Běnjiémíng: Ānni, wǒmen qù tiào wǔ, nǐ zěnme   niúzǎikù
　　本杰明：安妮，我们 去 跳 舞，你 怎么_____（牛仔裤）？
　　Ānni: Wǒ xiǎng chuān qúnzi, kěshì   lěng
　　安妮：我 想 穿 裙子，可是_____（冷）。
　　Běnjiémíng: Nǐ zěnme yě bú huàhua zhuāng?
　　本杰明：你 怎么 也 不 化化 妆？
　　Ānni: Wǒ xiǎng huà zhuāng,   guòmǐn　　Wǒmen bié (not)
　　安妮：我 想 化 妆，_____（过敏，allergic）。我们 别 (not)
　　qù tiào wǔ le, qù tīng yīnyuèhuì ba.
　　去 跳 舞 了，去 听 音乐会 吧。
　　Běnjiémíng: Tīng yīnyuèhuì yìzhí   zuò tài méi yìsi le.
　　本杰明：听 音乐会 一直_____（坐），太 没 意思 了。

(2) Fāngfāng: Nǐ zěnme gēn Ānni chǎo jià le?
　　方方：你 怎么 跟 安妮 吵 架 了？
　　Dàwèi: Zuótiān wǒ xiǎng qù fànguǎnr chī fàn, kěshì   zuò fàn
　　大卫：昨天 我 想 去 饭馆儿 吃 饭，可是_____（做饭）。
　　Fāngfāng: Nà nǐmen shì zài nǎr chī de?
　　方方：那 你们 是 在 哪儿 吃 的？
　　Dàwèi: Wǒmen shì zài fànguǎnr chī de. Kěshì wǒ xiǎng kāi chē qù, tā
　　大卫：我们 是 在 饭馆儿 吃 的。可是 我 想 开 车 去，她_____
　　zǒu lù　　Dàole fànguǎnr, wǒ xiǎng chī zhōngguócài, tā
　　_____（走路）。到了 饭馆儿，我 想 吃 中国菜，她_____
　　rìběncài
　　_____（日本菜）。

10

九 语篇练习 Textual Exercise

看图，并根据提示词语完成下面两段话，注意用上"v. + 着"或"却"。 Look at the pictures and complete the following two paragraphs based on the hints given. Remember to use "v. + 着" or "却".

(1) 在宾馆大堂里，刘永山＿＿＿＿＿＿（拖鞋），＿＿＿＿＿＿（手机），着急地问服务员："请问刘永山住哪个房间？"服务员＿＿＿＿＿＿（笑，说）："您不是刘先生吗？"刘永山不好意思地说："我是啊，刚才我出来打电话，＿＿＿＿＿＿＿＿＿＿＿＿（忘）。"

(2) 刘大双和刘小双是一对双胞胎，他们长得一样，可是＿＿＿＿＿＿＿＿（爱好）。刘大双喜欢打乒乓球，刘小双＿＿＿＿＿＿＿＿。刘大双喜欢游泳，刘小双＿＿＿＿＿＿＿＿。不过，他们都喜欢踢足球。你看，他们正兴奋地＿＿＿＿＿＿（聊）。

Lesson 3

Yí piàn lǜ yè
一片绿叶
A green leaf

一 词汇练习 Vocabulary Exercises

1. 根据图片选择相应的词语。Choose the right word for each picture.

a. 树　　　b. 树叶　　　c. 伤心　　　d. 得病　　　e. 画家　　　f. 画儿

(1) _____　(2) _____　(3) _____　(4) _____　(5) _____　(6) _____

2. 选词填空并朗读。Choose a word to fill in each blank and then read the sentences aloud.

Wǒ hé tā yǐjīng　　shí nián le, wǒ　　tā xǐhuan lǚyóu.　　zhīdào　rènshi
(1) 我和她已经_____十年了，我_____她喜欢旅游。（a. 知道　b. 认识）

Zhè shì zuìhòu yí piàn　　yè, zhè kē shù de yèzi yǐjīng　　guāng le. diào　luò
(2) 这是最后一片_____叶，这棵树的叶子已经_____光了。（a. 掉　b. 落）

Dàxué　　hěn kuài jiù yào jiéshù le, zhè shì wǒ　　zhōng zuì nánwàng de shíjiān.
(3) 大学_____很快就要结束了，这是我_____中最难忘的时间。

shēngmìng　shēnghuó
（a. 生命　b. 生活）

Zhège nǚhái'r　　le, tā　　de hěn zhòng. bìng　dé bìng
(4) 这个女孩儿_____了，她_____得很重。（a. 病　b. 得病）

Nǐ　　tā néng kànchū nǚpéngyou de　　ma?　juéde　xīnsi
(5) 你_____他能看出女朋友的_____吗？（a. 觉得　b. 心思）

Tā gēn mèimei　　suīrán yǐjīng duō suì le, dànshì què yǒu háizi　　de xīn.
(6) 她跟妹妹_____，虽然已经80多岁了，但是却有孩子_____的心。

bān　yíyàng
（a. 般　b. 一样）

3. 为下列词语选择合适的搭配，然后朗读。Match the verbs and nouns and read the phrases aloud.

huānyíng	xiě	bèi	lù	kǎo	wèn
a. 欢迎	b. 写	c. 背	d. 录	e. 拷	f. 问

wénzhāng　　　　　　　　dìzhǐ　　　　　　　　yīn
(1) _____文章　　(2) _____地址　　(3) _____音

wénjiàn　　　　　　　　jiābīn　　　　　　　　lù
(4) _____文件　　(5) _____嘉宾　　(6) _____路

4. 连线并朗读。 Match and read aloud.

主持人

(1) 一片　　　　　树

(2) 一篇　　　　　嘉宾

(3) 一棵　　　　　课文

(4) 一位　　　　　树叶

　　　　　　　　　文章

二 语法练习　Grammar Exercises

1. 选词填空并朗读。 Choose a word/phrase to fill in each blank and then read the sentences aloud.

```
         yí gè        yí gègè
      a. 一个    b. 一个个
```

　　　Fúwùyuán bǎ fángjiān　　　dōu dǎsǎo gānjìng le.
(1) 服务员把房间_____都打扫干净了。

　　　Zhǔchírén yòu gěi dàjiā jièshàole　　　jiābīn.
(2) 主持人又给大家介绍了_____嘉宾。

```
         yí jiàn        yí jiànjiàn
      a. 一件    b. 一件件
```

　　　Sījī bǎ wǒ de xíngli　　　bāndào chē shang.
(3) 司机把我的行李_____搬到车上。

　　　Xià ge Xīngqīyī shì māma de shēngrì, wǒ yào gěi tā mǎi　　　lǐwù.
(4) 下个星期一是妈妈的生日，我要给她买_____礼物。

```
         yì tiān        yì tiāntiān
      a. 一天    b. 一天天
```

　　　Háizi　　　zhǎngdà le.
(5) 孩子_____长大了。

　　　Wǒ gēn péngyou pále　　　shān, zhēn lèi!
(6) 我跟朋友爬了_____山，真累！

2. 用下列词语组句，并将句子变成疑问句和否定句，然后朗读。 Make sentences using the following words/phrases, turn the sentences into interrogative and negative ones, and then read them aloud.

　　　nàge huó xiàlai le bèi zhuàng de rén
(1) 那个　活　下来　了　被　撞　的人

→ _____

　　　lù jīntiān de hànyǔkè le xiàlai Ālǐ
(2) 录　今天的汉语课　了　下来　阿里

→ _____

13

(3)
```
xiě   Běnjiémíng   le   xiàlai   tīngxiě de jùzi
写    本杰明       了   下来    听写的句子
```
→ _____

(4)
```
Liú Dàshuāng   xiàlai   yìngpìn   xiāoshòuyuán de zhíwèi   le
刘  大双       下来     应聘      销售员 的 职位         了
```
→ _____

(5)
```
hǎo wénzhāng   le   xiàlai   bèi   nà piān   wǒ
好  文章       了   下来     背    那篇      我
```
→ _____

(6)
```
Fāngfāng   zhēnzhū xiàngliàn   mǎi   nà tiáo   le   xiàlai
方方       珍珠 项链            买    那条      了   下来
```
→ _____

3. 根据提示词语，用"一＋重叠量词"和"v.＋下来"完成句子，然后朗读。Complete the sentences using "一 + reduplicated measure word" and "v. + 下来" based on the hints given and then read the sentences aloud.

(1) Zhèli de shān zhēn piàoliang! Wǒ yào bǎ zhèxiē shān_____。（座，拍）
这里的山真漂亮！我要把这些山_____。（座，拍）

(2) Qǐng dàjiā bǎ shēngcí_____。（个，写）
请大家把生词_____。（个，写）

(3) Zhèxiē shū zhēn búcuò, wǒ yào bǎ tāmen_____。（本，买）
这些书真不错，我要把它们_____。（本，买）

(4) Zhèxiē jiémù fēicháng jīngcǎi, wǒ yǐjīng_____。（个，录）
这些节目非常精彩，我已经_____。（个，录）

(5) Zhè jǐ piān kèwén fēicháng yǒu yìsi, wǒ yào_____。（篇，背）
这几篇课文非常有意思，我要_____。（篇，背）

(6) Tā měi tiān yùndòng, chī de yě hěn shǎo, xiànzài_____。（天，瘦）
她每天运动，吃得也很少，现在_____。（天，瘦）

三 听力练习 Listening Exercises

03-1

1. 听录音，选择跟对话相关的图片。Listen to the recording and match the dialogues with the pictures.

(1) Ⅰ. _____   Ⅱ. _____

A   B

(2) Ⅰ. _____   Ⅱ. _____

A   B

2. 听句子，选择正确答案。Listen to the sentences and choose the right answers.

(1) a. 比赛刚开始的时候 b. 比赛快结束的时候 c. 比赛结束后
    bǐsài gāng kāishǐ de shíhou   bǐsài kuài jiéshù de shíhou   bǐsài jiéshù hòu

(2) a. 大双的 b. 老人的 c. 大双和老人的
    Dàshuāng de   lǎorén de   Dàshuāng hé lǎorén de

四 汉字练习 Exercises on Chinese Characters

1. 根据拼音写出正确的汉字，然后朗读。Write characters based on *pinyin*, and then read the sentences aloud.

(1) 你知_____吗？阿里昨天又迟_____了。
         (dào)   (dào)

(2) 这棵_____的生命快要结_____了。
        (shù)   (shù)

2. 听写句子。Write down the sentences you hear.

(1) _____

(2) _____

五 交际练习 Communicative Exercise

根据提示词语完成对话，注意用上"一 + 重叠量词"或"v. + 下来"。Complete the dialogues based on the hints given. Remember to use "一 + reduplicated measure word" or "v. + 下来".

(1) A：汉语真难 (difficult)，我总是_____（记）。
    Hànyǔ zhēn nán, wǒ zǒngshì   jì

    B：你是怎么学的？
    Nǐ shì zěnme xué de?

    A：每个生词我都看一两遍。
    Měi ge shēngcí wǒ dōu kàn yì-liǎng biàn.

    B：你只看一两遍，当然_____（记）。
    Nǐ zhǐ kàn yì-liǎng biàn, dāngrán   jì

    A：你有什么好办法？
    Nǐ yǒu shénme hǎo bànfǎ?

B：每个生词我都_____（遍，听），_____（遍，读），然后_____（个，写）。

(2) A：世界杯比赛开始了！你喜欢哪个队？

B：我喜欢_____。

A：我也喜欢_____。前几天我去看了一场比赛，_____（拍），我要把这些照片_____（张）洗出来。

B：我是在家看的，把精彩的比赛_____（场，录），打算以后再看。

A：我可以_____（拷）吗？

B：当然可以！

六 语篇练习 Textual Exercise

1. 假如你是一个汉语比赛的策划者，说说你怎么安排这次比赛，并根据提示词语完成下面这段话，注意用上"一＋重叠量词"或"v.＋下来"。Suppose you are planning a Chinese language competition. Talk about how you'll arrange the event and complete the following paragraph based on the hints given. Remember to use "一 + reduplicated measure word" or "v. + 下来".

我们的汉语比赛叫_____。比赛的时候，主持人先把_____（嘉宾，个，介绍）。然后，参加比赛的人_____（个，上台演讲），嘉宾把_____（名字和成绩，个，记）。最后，获奖的人_____（个，上台领奖），还要和嘉宾_____（个，拍照）。

2. 根据提示词语完成下面这段话，注意用上"一＋重叠量词"或"v.＋下来"。Complete the following paragraph based on the hints given. Remember to use "一 + reduplicated measure word" or "v. + 下来".

我们准备邀请_____位朋友来参加晚会。晚会活动有_____、_____。我们先把_____（名字，个，写），_____把_____（要买的东西，件，写），_____把东西_____（件，买），_____给朋友_____（个，打电话）。

Lesson 4

影子
Yǐngzi

The shadow

一 词汇练习 Vocabulary Exercises

1. 根据图片选择相应的词语。Choose the right word for each picture.

   a. 矿泉水   b. 体育   c. 影子   d. 小朋友   e. 沙漠   f. 男孩儿

   (1) _____ (2) _____ (3) _____ (4) _____ (5) _____ (6) _____

2. 选词填空并朗读。Choose a word to fill in each blank and then read the sentences aloud.

   (1) 我喝了杯_____豆浆，现在觉得很_____。（a. 凉 b. 凉快）

   (2) 看到这只小狗_____般地活下来，大家都觉得很_____。（a. 奇迹 b. 奇怪）

   (3) 小丽_____男朋友送的生日礼物，_____特别高兴。（a. 收到 b. 感到）

   (4) 男同学_____女同学都在_____着体育老师跑步。（a. 跟 b. 和）

   (5) 今天是我第一次开车_____，没想到，_____上车坏了。（a. 上路 b. 半路）

   (6) 今天早上我_____安妮没来，大卫告诉我她_____了。（a. 发烧 b. 发现）

3. 连线并朗读。Match and read aloud.

   (1) 解决   沙漠

   (2) 寻找   功夫

   (3) 练习   矿泉水

   (4) 做   问题

   (5) 变成   方法

   (6) 喝   生意

4. 选词填空并朗读。Choose a word to fill in each blank and then read the sentences aloud.

> a. 渴 (kě)　　b. 难 (nán)　　c. 老 (lǎo)　　d. 饿 (è)　　e. 苦 (kǔ)　　f. 无聊 (wúliáo)

(1) 一个人去旅游很＿＿＿，你跟我一起去吧。

(2) 她喝了很多水，＿＿＿上洗手间。

(3) 我＿＿＿了，我们几点吃饭？

(4) 能给我瓶矿泉水吗？我＿＿＿了。

(5) 今天的课太＿＿＿了，我都没听懂。

(6) 很多人都说修理工的工作很＿＿＿，但是我喜欢。

二 语法练习　Grammar Exercises

1. 朗读下列句子，然后根据"又"的意思把句子分成两类。Read the following sentences aloud and then put the sentences into two categories based on the meaning of "又".

(1) 这条领带又便宜又好看。

(2) 逛了一个小时，我现在又累又渴。

(3) 我们公司又来了一位新同事。

(4) 这辆车刚才又熄火了。

(5) 他昨天又去上海出差了。

(6) 比赛以前，我既紧张又兴奋。

A：＿＿＿＿＿＿＿＿＿＿＿＿＿＿

B：＿＿＿＿＿＿＿＿＿＿＿＿＿＿

2. 用下列词语组句，并将句子变成否定句，然后朗读。Make sentences using the following words/phrases, turn the sentences into negative ones, and then read them aloud.

(1) 发现　我　凉快　这个房间　舒服　又……又……

→ ＿＿＿＿＿＿＿＿＿＿＿＿＿＿＿＿＿＿＿＿＿＿＿＿

(2) 激烈　体育　昨天的　精彩　比赛　又……又……

→ ＿＿＿＿＿＿＿＿＿＿＿＿＿＿＿＿＿＿＿＿＿＿＿＿

(3) 聪明　小朋友　漂亮　这个　又……又……

→ ＿＿＿＿＿＿＿＿＿＿＿＿＿＿＿＿＿＿＿＿＿＿＿＿

(4) 刘大双　重　行李　多　的　又……又……

→ ＿＿＿＿＿＿＿＿＿＿＿＿＿＿＿＿＿＿＿＿＿＿＿＿

(5) 阿里 乱 房间 脏 的 又……又……

→ _____

(6) 跳 这只狗 跑 又……又……

→ _____

3. 根据提示词语，用"一直"或"又……又……"完成句子，然后朗读。Complete the sentences using "一直" or "又……又……" based on the hints given and then read the sentences aloud.

(1) 他生意做得<u>一直很好 / yìzhí hěn hǎo</u>。（好）

(2) 这家商店的衣服_____。（贵）

(3) 这几天天气_____，不冷也不热。（不错）

(4) 这家饭馆儿的菜<u>又好吃又便宜 / yòu hǎochī yòu piányi</u>。（好吃，便宜）

(5) 他汉字写得_____，我要向他学习。（快，好）

(6) 小朋友们_____，非常开心。（唱，跳）

三 听力练习 Listening Exercises

1. 听录音，选择跟对话相关的图片。Listen to the recording and match the dialogues with the pictures.

04-1

(1) Ⅰ. _____ Ⅱ. _____

A B

(2) Ⅰ. _____ Ⅱ. _____

A B

19

2. 听句子，选择正确答案。 Listen to the sentences and choose the right answers.

04-2

(1) a. lǎoshī chídào le 老师 迟到 了　　b. Běnjiémíng zǒngshì chídào 本杰明 总是 迟到　　c. Běnjiémíng zěnme shàng kè 本杰明 怎么 上 课

(2) a. zài zhōngxué xuéxí 在 中学 学习　　b. zài zuò shēngyi 在 做 生意　　c. zài Shànghǎi lǚyóu 在 上海 旅游

四 汉字练习　Exercises on Chinese Characters

1. 用下列汉字组词。 Make words using the following characters.

(1) 快：_____、_____、_____、_____

(2) 生：_____、_____、_____、_____

2. 听写句子。 Write down the sentences you hear.

04-3

(1) _____

(2) _____

五 交际练习　Communicative Exercise

询问你的同学或朋友下列问题，用"一直"或"又……又……"回答。 Ask a classmate or friend the following questions, and "一直" or "又……又……" should be used in the answers.

(1) Nǐ bì yè hòu xiǎng zuò shénme? Yìzhí zhèyàng xiǎng ma?
你 毕业 后 想 做 什么？一直 这样 想 吗？

→ _____

(2) Nǐ xǐhuan shénme tǐyù yùndòng? Shì yìzhí xǐhuan ma?
你 喜欢 什么 体育 运动？是 一直 喜欢 吗？

→ _____

(3) Shénme shìqing ràng nǐ yìzhí hěn shāngxīn?
什么 事情 让 你 一直 很 伤心？

→ _____

(4) Nǐ yìzhí zhù zài nǎge chéngshì? Zhège chéngshì zěnmeyàng?
你 一直 住 在 哪个 城市？这个 城市 怎么样？

→ _____

(5) Nǐ chángcháng qù nǎr mǎi dōngxi? Nàr de dōngxi zěnmeyàng?
你 常常 去 哪儿 买 东西？那儿 的 东西 怎么样？

→ _____

(6) Nǐ cháng qù nǎ jiā fànguǎnr chī fàn? Nàr de cài zěnmeyàng?
你 常 去 哪家 饭馆儿 吃 饭？那儿 的 菜 怎么样？

→ _____

六 语篇练习 Textual Exercise

看图，并根据提示词语完成下面两段话。 Look at the pictures and complete the following two paragraphs based on the hints given.

(1) Jīntiān wǒ gěi dàjiā jièshào yí ge xiǎopéngyǒu, tā jiào
今天 我 给 大家 介绍 一 个 小朋友，他 叫＿＿＿＿，
tā shì ＿＿＿＿ rén, jīnnián ＿＿＿＿
他 是＿＿＿＿人，今年＿＿＿＿
suì Wǒ juéde tā ＿＿＿＿ yòu…… yòu…… Wǒ
（岁）。我 觉得 他＿＿＿＿（又……又……）。我
fāxiàn, tā yìzhí hěn xǐhuan ＿＿＿＿, měi cì wǒ qù tā jiā, dōu kànjiàn tā zài ＿＿＿＿
发现，他 一直 很 喜欢＿＿＿＿，每次 我 去 他 家，都 看见 他 在＿＿＿＿
Tā shuō, liànxí gōngfu de shíhou, tā gǎndào ＿＿＿＿
。他 说，练习 功夫 的 时候，他 感到＿＿＿＿
yòu…… yòu…… Zhōngxué bì yè yǐhòu, tā dǎsuàn ＿＿＿＿ yìzhí
（又……又……）。中学 毕业 以后，他 打算＿＿＿＿（一直）。

(2) Wǒ zuótiān wǎnshang ＿＿＿＿ yìzhí, yǒu yí ge jiémù jièshào de shì bǎohù
我 昨天 晚上＿＿＿＿（一直），有 一 个 节目 介绍 的 是 保护
huánjìng Wǒ kàndào dàochù dōu shì shāmò, zài nàr shēnghuó ＿＿＿＿
(to protect) 环境。我 看到 到处 (everywhere) 都 是 沙漠，在 那儿 生活＿＿＿＿
yòu…… yòu…… Zhèxiē nián, hěn duō rén yìzhí zài ＿＿＿＿
（又……又……）。这些 年，很 多 人 一直 在＿＿＿＿
xúnzhǎo xiǎng ràng zhèxiē dìfang ＿＿＿＿ huánjìng
（寻找），想 让 这些 地方＿＿＿＿（环境）。

21

Lesson 5

Huà xiàng

画像

Painting a portrait

一 词汇练习 Vocabulary Exercises

1. 朗读下列句子，然后根据"有"的意思把句子分成两类。Read the following sentences aloud and then put the sentences into two categories based on the meaning of "有".

   (1) Wǒ yǒu liǎng ge háizi.
       我 有 两 个 孩子。

   (2) Yǒu yì tiān, wǒ zài chuāng wài kàndào yì zhī bèi zhuàngshāng de xiǎo gǒu.
       有 一 天，我 在 窗 外 看到 一 只 被 撞伤 的 小 狗。

   (3) Lǎoshī, nín xiànzài yǒu shíjiān ma? Wǒ xiǎng wèn nín yí ge wèntí.
       老师，您 现在 有 时间 吗？我 想 问 您 一 个 问题。

   (4) Duìbuqǐ, wǒ xiànzài méiyǒu nàme duō qián.
       对不起，我 现在 没有 那么 多 钱。

   (5) Yǒu yí cì, wǒ gǎnmào le, méi qù shàng kè.
       有 一 次，我 感冒 了，没 去 上 课。

   (6) Gāngcái yǒu yí wèi huàjiā lái zhǎo nǐ.
       刚才 有 一位 画家 来 找 你。

   A: _____

   B: _____

2. 选词填空并朗读。Choose a word to fill in each blank and then read the sentences aloud.

   (1) Tā gěi wǒ dǎle jǐ ___ diànhuà, kěshì wǒ bù zhīdào zhè ___ shì. huí cì
       他 给 我 打了 几____电话，可是 我 不 知道 这____事。（a. 回 b. 次）

   (2) Xiànzài, tā de tàidu ___ le, ___ le yí ge xǐhuan duànliàn de rén. gǎibiàn biànchéng
       现在，他 的 态度____了，____了 一 个 喜欢 锻炼 的 人。（a. 改变 b. 变成）

   (3) Nàge niánqīngrén ___ kēxuéjiā xiànzài yǒu méiyǒu shíjiān, tā bāng zìjǐ yí ge máng.
       那个 年轻人____科学家 现在 有 没有 时间，____他 帮 自己 一 个 忙。
       qǐngqiú wèn
       （a. 请求 b. 问）

   (4) Wǒ kàndào nà ___ bàozhǐ shang shuō zhè ___ huà hěn yǒumíng. fú zhāng
       我 看到 那____报纸 上 说 这____画 很 有名。（a. 幅 b. 张）

   (5) Nín hǎo, xiānsheng, zhèr bù ___ tíng chē, ___ nín bǎ chē tíngdào nà biān ba. ràng qǐng
       您 好，先生，这儿 不____停车，____您 把 车 停到 那 边 吧。（a. 让 b. 请）

   (6) Fāngfāng ___ bù chídào, ___ shì bān li lái de zuì zǎo de xuésheng. cónglái yìzhí
       方方____不 迟到，____是 班 里 来 得 最 早 的 学生。（a. 从来 b. 一直）

3. 为下列词语选择合适的搭配，然后朗读。Match the verbs and nouns and read the phrases aloud.

   > a. 举行   b. 放弃   c. 表演   d. 拍   e. 改变   f. 做
   > jǔxíng   fàngqì   biǎoyǎn   pāi   gǎibiàn   zuò

   (1) _____工作 gōngzuò   (2) _____晚会 wǎnhuì   (3) _____实验 shíyàn

   (4) _____性格 xìnggé   (5) _____节目 jiémù   (6) _____合影 héyǐng

4. 选择合适的量词填空。Choose a measure word to fill in each blank.

> a. 张 (zhāng)   b. 本 (běn)   c. 件 (jiàn)   d. 幅 (fú)   e. 份 (fèn)

(1) 一____画像 (yì huàxiàng) (2) 一____合影 (yì héyǐng) (3) 两____电影票 (liǎng diànyǐngpiào)

(4) 一____文件 (yí wénjiàn) (5) 三____护照 (sān hùzhào) (6) 一____礼物 (yí lǐwù)

二 语法练习 Grammar Exercises

1. 选择正确的短语填空并朗读。Choose the right phrase to fill in each blank and then read the sentences aloud.

> a. 从来没 (cónglái méi)   b. 从来不 (cónglái bù)

(1) 他____让人帮助自己。(Tā ràng rén bāngzhù zìjǐ.)
(2) 我____听说过那个地方。(Wǒ tīngshuōguo nàge dìfang.)
(3) 弟弟____吃牛肉。(Dìdi chī niúròu.)
(4) 本杰明____听过相声，很想去听一次。(Běnjiémíng tīngguo xiàngsheng, hěn xiǎng qù tīng yí cì.)
(5) 这个城市____举行过足球比赛。(Zhège chéngshì jǔxíngguo zúqiú bǐsài.)
(6) 我妈妈____化妆。(Wǒ māma huà zhuāng.)

2. 把"为"填到句子合适的位置，然后朗读。Choose the right positions for "为" and then read the sentences aloud.

(1) 妈妈___a___每天早上___b___都___c___我做早饭。(Māma měi tiān zǎoshang dōu wǒ zuò zǎofàn.)
(2) ___a___我___b___朋友___c___买了一杯咖啡。(Wǒ péngyou mǎile yì bēi kāfēi.)
(3) 这份___a___礼物是___b___姐姐___c___妹妹买的。(Zhè fèn lǐwù shì jiějie mèimei mǎi de.)
(4) 谢谢___a___你___b___大家解决了___c___这个问题。(Xièxie nǐ dàjiā jiějuéle zhège wèntí.)
(5) ___a___晚会上，___b___你可以___c___同学们弹钢琴吗？(wǎnhuì shang, nǐ kěyǐ tóngxuémen tán gāngqín ma?)
(6) ___a___宾馆的服务员___b___我订了两张___c___飞机票。(bīnguǎn de fúwùyuán wǒ dìngle liǎng zhāng fēijīpiào.)

3. 用下列词语组句，然后朗读。Make sentences using the following words/phrases and then read the sentences aloud.

(1) 大家 那个 男孩儿 为 服务 从来不
(dàjiā nàge nánháir wèi fúwù cónglái bù)

→ _____

(2) 从来不 那个老人 别人 帮 搬行李 自己 让
(cónglái bù nàge lǎorén biéren bāng bān xíngli zìjǐ ràng)

→ _____

(3)
tā	wèi	mǎiguo	lǐwù	nánpéngyou	cónglái méi
她	为	买过	礼物	男朋友	从来没

→ _____

(4)
zuòguo	fàn	wèi	māma	nàge chúshī	cónglái méi
做过	饭	为	妈妈	那个厨师	从来没

→ _____

(5)
ràng	fúwùyuán	wèi	cónglái bù	dǎsǎo	fángjiān	zìjǐ	nàge kèren
让	服务员	为	从来不	打扫	房间	自己	那个客人

→ _____

(6)
pāi zhàopiàn	cónglái bù	nàge huàjiā	ràng	érzi	wèi	zìjǐ
拍 照片	从来不	那个画家	让	儿子	为	自己

→ _____

三 听力练习　Listening Exercises

1. 听录音，选择跟对话相关的图片。 Listen to the recording and match the dialogues with the pictures.

(1) Ⅰ. _____　　Ⅱ. _____

A　　　　　　　　　　　　　B

(2) Ⅰ. _____　　Ⅱ. _____

A　　　　　　　　　　　　　B

2. 听句子，选择正确答案。 Listen to the sentences and choose the right answers.

(1) a. māma 妈妈　　　b. wǒ 我　　　c. péngyoumen 朋友们

(2) a. fēngjǐng 风景　　b. dòngwù 动物　　c. rén 人

四 汉字练习　Exercises on Chinese Characters

1. 辨认汉字，选择正确的汉字填空，然后朗读。Distinguish the characters, choose the right character to fill in each blank, and then read the sentences aloud.

   (1) 8岁以前，我从＿＿没吃过爸爸做的＿＿饭。（米，来）
   　　suì yǐqián, wǒ cóng　　méi chīguo bàba zuò de　　fàn.

   (2) ＿＿公室的咖啡是林木＿＿大家买的。（为，办）
   　　gōngshì de kāfēi shì Lín Mù　　dàjiā mǎi de.

2. 听写句子。Write down the sentences you hear.

   (1) _____

   (2) _____

五 交际练习　Communicative Exercise

看图，并根据提示词语完成对话。Look at the pictures and complete the dialogues based on the hints given.

(1) A：你怎么这么_____？
　　Nǐ zěnme zhème

　　B：看，这是我女儿_____（为，做）。
　　Kàn, zhè shì wǒ nǚ'ér　　　　　　　wèi, zuò

　　A：做得_____！
　　Zuò de

　　B：这是她_____（第一次，为）。
　　Zhè shì tā　　　　　　dì-yī cì, wèi

　　A：我儿子_____（从来）。
　　Wǒ érzi　　　　　　cónglái

　　B：别着急，他_____。
　　Bié zháojí, tā

(2) A：你觉得刘秘书_____？
　　Nǐ juéde Liú mìshū

　　B：她 工作_____。
　　Tā gōngzuò

A：*Wèi shénme zhème shuō?*
为 什么 这么 说？

B：*Měi cì huìyì qián, tā dōu*_____（*wèi, bǎ…… zhǔnbèi hǎo*）。
每 次 会议 前，她 都_____（为，把……准备 好）。

A：*Tīngshuō tā*_____（*cónglái, chídào*）。
听说 她_____（从来，迟到）。

B：*Duì, tā yě*_____（*cónglái, qǐng jià*）。
对，她 也_____（从来，请假）。

A：*Tā zhēn búcuò!*
她 真 不错！

六 语篇练习 Textual Exercise

1. 说说你很想尝试却没做过的事，并根据提示词语完成下面这段话。Talk about something you've always wanted to try but have never done, and complete the following paragraph based on the hints given.

   *Suīrán wǒ tīngshuō*_____，*kěshì*_____（*cónglái*），
   虽然 我 听说_____，可是_____（从来），
   suǒyǐ wǒ hěn xiǎng chángchang. Wǒ hái tīngshuō
   所以 我 很 想 尝尝。我 还 听说_____，_____
   _____（*què, cónglái*），*wǒ hěn xiǎng*_____。*Yǒu péngyou gàosu wǒ shuō*_____
   （却，从来），我 很 想_____。有 朋友 告诉 我 说_____
   _____，*wǒ yě xiǎng*_____，*yīnwèi wǒ*_____
   _____，我 也 想_____，因为 我_____
   _____（*cónglái*）。
   _____（从来）。

2. 说说一个朋友的生日晚会上，大家是怎么祝贺的，并根据提示词语完成下面这段话。Talk about what everybody did to celebrate on a friend's birthday party, and complete the following paragraph based on the hints given.

   _____*shì*_____*de shēngrì. Dàjiā wèi tā / tā zhǔnbèile hěn duō lǐwù.*_____
   _____是_____的生日。大家 为 他/她 准备了 很 多 礼物。_____
   wèi tā / tā
   为 他/她_____，_____（*wèi*），_____
   _____*wèi*_____（*wèi*）。*Tā / Tā gāoxìng jí le.*
   _____（为），_____（为）。他/她 高兴 极 了。

Lesson 6

Xiǎng kū jiù kū ba
想哭就哭吧
Cry if you want to

一 词汇练习 Vocabulary Exercises

1. 选词填空并朗读。 Choose a word to fill in each blank and then read the sentences aloud.

	rěn	chǎnshēng	qīngchú	kū	yǐngxiǎng	chāoguò
	a. 忍	b. 产生	c. 清除	d. 哭	e. 影响	f. 超过

(1) Nǐ bǎ diànnǎo shang zhèxiē bú yòng de wénjiàn _____ yíxià ba.
你把电脑上这些不用的文件_____一下吧。

(2) Xī yān huì _____ shēntǐ jiànkāng.
吸烟会_____身体健康。

(3) Wǒmen mǎshàng jiù yào dào yīyuàn le, nǐ zài _____ yíxià.
我们马上就要到医院了，你再_____一下。

(4) Nǐ zhīdào zhème duō huánjìng wèntí _____ de yuányīn shì shénme ma?
你知道这么多环境问题_____的原因是什么吗？

(5) Zhōngwǔ shuì jiào zuìhǎo búyào _____ yí ge xiǎoshí.
中午睡觉最好不要_____一个小时。

(6) Nǐ qù kànkan nàge xiǎopéngyǒu wèi shénme _____ le.
你去看看那个小朋友为什么_____了。

2. 选词填空并朗读。 Choose a word to fill in each blank and then read the sentences aloud.

(1) Zài wǒmen gōngsī, zhèxiē bàngōngshì de _____ miànjī shì 25 _____ .（a. 平均 b. 平方米）
在我们公司，这些办公室的_____面积是25_____。（a. 平均 b. 平方米）

(2) _____ shuǐguǒ tài shǎo le, nǐ zài qù mǎi _____ ba.（a. 一些 b. 这些）
_____水果太少了，你再去买_____吧。（a. 一些 b. 这些）

(3) Kuài bǎ _____ cāca, nǐ kàn nǐ _____ dōu kūhóng le.（a. 眼泪 b. 眼睛）
快把_____擦擦，你看你_____都哭红了。（a. 眼泪 b. 眼睛）

(4) _____ tiānqì bú tài hǎo, nǐ _____ měi tiān dōu dàizhe sǎn.（a. 最好 b. 最近）
_____天气不太好，你_____每天都带着伞。（a. 最好 b. 最近）

(5) Gǒu de _____ yìbān shì shíjǐ nián, wǒmen yào zài tāmen _____ jiéshù yǐqián, hǎohāor ài tāmen.（a. 寿命 b. 生命）
狗的_____一般是十几年，我们要在它们_____结束以前，好好儿爱它们。（a. 寿命 b. 生命）

(6) Nǚrén de shòumìng bǐ nánrén cháng, yí ge _____ shì tāmen ài kū, kū néng bǎ shēntǐ li de yǒu hài wùzhì dōu qīngchú le.（a. 因为 b. 原因）
女人的寿命比男人长，一个_____是她们爱哭，_____哭能把身体里的有害物质都清除了。（a. 因为 b. 原因）

3. 连线并朗读。 Match and read aloud.

北京	不同	一瓶	一张	有害	身体
饮料	房价	门票	意见	健康	物质

4. 写出反义词。Write down the antonyms of the following words.

男人——_____   笑——_____   得病——_____

免费——_____   赚钱——_____   伤心——_____

二 语法练习 Grammar Exercises

1. 根据提示词语，用"想 v. 就 v."完成句子。Complete the sentences using "想 v. 就 v." based on the hints given.

(1) 我们应该保护环境，塑料袋不能_____（用）。
  Wǒmen yīnggāi bǎohù huánjìng, sùliàodài bù néng ... yòng

(2) 你要的照片都在电脑里，你_____（拷）吧。
  Nǐ yào de zhàopiàn dōu zài diànnǎo li, nǐ ... kǎo ba.

(3) 毕业以后，你_____（出国）吧。
  Bì yè yǐhòu, nǐ ... chū guó ba.

(4) 明天的晚会，你_____（表演）吧。
  Míngtiān de wǎnhuì, nǐ ... biǎoyǎn ba.

(5) 我们还有时间，这些衣服，你_____（试）吧。
  Wǒmen hái yǒu shíjiān, zhèxiē yīfu, nǐ ... shì ba.

(6) 我没意见，这套海景房你_____（租）吧。
  Wǒ méi yìjiàn, zhè tào hǎijǐngfáng nǐ ... zū ba.

2. 用"反而"完成句子，然后朗读。Complete the sentences using "反而" and then read the sentences aloud.

(1) 他很喜欢爬山，学校举行了一次爬山比赛，他反而没有参加 / tā fǎn'ér méiyǒu cānjiā。
  Tā hěn xǐhuan pá shān, xuéxiào jǔxíngle yí cì pá shān bǐsài,

(2) 江日新没有跟司机吵架，_____。
  Jiāng Rìxīn méiyǒu gēn sījī chǎo jià,

(3) 方方昨天睡得很早，_____。
  Fāngfāng zuótiān shuì de hěn zǎo,

(4) 几年不见了，我看你不但没变老，_____。
  Jǐ nián bú jiàn le, wǒ kàn nǐ búdàn méi biànlǎo,

(5) 睡得越多，_____。
  Shuì de yuè duō,

(6) 他喜欢的足球队赢了比赛，他_____。
  Tā xǐhuan de zúqiúduì yíngle bǐsài, tā

3. 用下列词语组句，然后朗读。Make sentences using the following words/phrases and then read the sentences aloud.

(1) 身体 很少 反而 他 锻炼 很健康
  shēntǐ hěn shǎo fǎn'ér tā duànliàn hěn jiànkāng

  → _____

(2) 她 今天 放 风筝 要去 反而 风不大
  tā jīntiān fàng fēngzheng yào qù fǎn'ér fēng bú dà

  → _____

28

(3)
juéde fǎn'ér chàng gē de rén shì Ānnà wǒ bù hǎoyìsi
觉得 反而 唱歌的人 是安娜 我 不好意思

→ _____

(4)
zhuōzi shang nǐ yǐnliào xiǎng yǒu jiù hē hē ba
桌子上 你 饮料 想 有 就 喝 喝 吧

→ _____

(5)
dìng fángjiān jiù xiǎng zài wǎng shang kěyǐ tuì fáng tuì fáng
订 房间 就 想 在 网上 可以 退房 退房

→ _____

(6)
nǐ zhè tiáo xiǎng hǎokàn liànxiàng ba hěn jiù mǎi mǎi
你 这条 想 好看 项链 吧 很 就 买 买

→ _____

三 听力练习 Listening Exercises

1. 听句子,选择正确答案。 Listen to the sentences and choose the right answers.

06-1

(1) a. zhège shēngyi hěn zhuàn qián b. zhège shēngyi bú zhuàn qián c. zhège shēngyi hěn nán zuò
    这个 生意 很 赚 钱   这个 生意 不 赚 钱   这个 生意 很 难 做

(2) a. tāmen de yìjiàn chángcháng yíyàng b. tāmen bú shì hǎo péngyou c. tāmen shì hǎo péngyou
    他们 的 意见 常常 一样   他们 不是 好 朋友   他们 是 好 朋友

2. 听录音,判断正误。 Listen to the recording and decide whether the following statements are true or false.

06-2

(1) Wǒ yào qù mǎi bówùguǎn de ménpiào.
    我要去买博物馆的门票。   ( )

(2) Dàwèi bù xǐhuan gāngcái de diànyǐng.
    大卫不喜欢刚才的电影。   ( )

四 汉字练习 Exercises on Chinese Characters

1. 组词游戏。 Crossword.

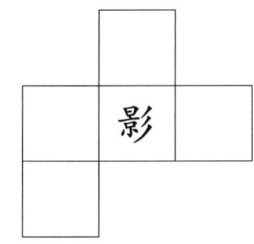

2. 听写句子。 Write down the sentences you hear.

06-3

(1) _____

(2) _____

29

五 交际练习 Communicative Exercise

根据提示词语完成对话。 Complete the dialogues based on the hints given.

(1) A：下周公司休息，你说我们做点儿什么？

　　B：最近工作太忙了，不能＿＿＿＿＿＿＿＿＿＿＿（休息），这几天我们好好儿休息休息吧。

　　A：我想去上海旅游，行吗？

　　B：行。以前没有时间，现在＿＿＿＿＿＿＿＿＿＿＿（去）吧。

　　A：太好了！我现在就去买火车票。

　　B：坐飞机去吧，现在机票反而＿＿＿＿＿＿＿＿＿＿＿（便宜）。

(2) A：苹果你怎么不洗就吃？

　　B：我看＿＿＿＿＿＿＿＿＿＿＿（干净）。

　　A：苹果上有＿＿＿＿＿＿＿＿＿＿＿（有害），你看不见。

　　B：是吗？我以前常常不洗，拿起来就吃。

　　A：以后你要先洗洗再吃，不能拿起来＿＿＿＿＿＿＿＿＿＿＿（想v.就v.），吃多了，反而＿＿＿＿＿＿＿＿＿＿＿。

　　B：好，我现在就去洗。

六 语篇练习 Textual Exercise

根据提示词语完成下面两段话。 Complete the following two paragraphs based on the hints given.

(1) 饿了的时候，可以＿＿＿＿＿＿＿（想v.就v.），但是也不能吃得太多，吃多了，＿＿＿＿＿＿＿（反而）。去做运动也是这样，不但要选＿＿＿＿＿＿＿（适合），还要选好时间，不能＿＿＿＿＿＿＿（想v.就v.）。运动时也要注意时间不能太长，因为运动多了，＿＿＿＿＿＿＿（反而）。

(2) 今天是安妮的生日。下课以后，老师＿＿＿＿＿＿＿（饮料和蛋糕），他让我们＿＿＿＿＿＿＿（为……过生日）。大家都高兴地去拿饮料和蛋糕，安妮＿＿＿＿＿＿＿（反而）。大家都问她＿＿＿＿＿＿＿，她说大家都记住了她的生日，她妈妈＿＿＿＿＿＿＿（反而）。

Lesson 7

Zhàopiàn shì wǒ zhào de
照片是我照的
It's me who took the picture

一 词汇练习 Vocabulary Exercises

1. 根据图片选择相应的词语。Choose the right word for each picture.

   a. 店主   b. 捡   c. 取   d. 照相机   e. 小伙子   f. 举

   (1) _____   (2) _____   (3) _____   (4) _____   (5) _____   (6) _____

2. 选词填空并朗读。Choose a word to fill in each blank and then read the sentences aloud.

   gǎnkuài   mǎshàng
   a. 赶快   b. 马上

   chī, chīwán fàn zánmen qù shāngchǎng guàngguang.
   (1) _____ 吃，吃完饭咱们去 商场 逛逛。

   Qǐng nǐ děng wǒ yíhuìr, wǒ   xià lóu!
   (2) 请 你 等 我 一会儿，我_____下楼！

   là   wàng
   a. 落   b. 忘

   Kǎoshì de shíhou wǒ   le xiě zìjǐ de míngzi.
   (3) 考试的时候我_____了写自己的名字。

   Zuótiān wǒ bǎ shū   zài jiàoshì li le.
   (4) 昨天 我 把 书_____在教室里了。

   yúshì   suǒyǐ
   a. 于是   b. 所以

   Háizi fā shāo le,   māma fēicháng zháojí.
   (5) 孩子 发 烧 了，_____妈妈 非常 着急。

   Háizi shēng bìng le,   bàba māma gǎnjǐn dài tā qù yīyuàn.
   (6) 孩子 生 病 了，_____爸爸 妈妈 赶紧 带 他 去 医院。

3. 选词填空并朗读。Choose a word to fill in each blank and then read the sentences aloud.

   zhòngyào   líkāi   zháojí   zhòng   ménkǒu   bié
   a. 重要   b. 离开   c. 着急   d. 种   e. 门口   f. 别

   Qùnián wǒ zài mén qián   le liǎng kē píngguǒshù.
   (1) 去年 我在 门前_____了两棵苹果树。

　　　　　　Míngtiān yǒu yí ge hěn　　　　de huìyì,　dàjiā dōu bù néng chídào.
(2) 明天 有一个很_____的会议，大家都不能迟到。

　　　　　　Wǒ kuàiyào bì yè le, yào　　　　zhège chéngshì le.
(3) 我 快要毕业了，要_____这个城市了。

　　　　　　Wàibian hěn lěng, duō chuān yí jiàn yīfu ba,　　　　gǎnmào le.
(4) 外边 很冷，多穿一件衣服吧，_____感冒了。

　　　　　　Yǐjīng shí diǎn le,　háizi hái méi huí jiā, māma hěn
(5) 已经十点了，孩子还没回家，妈妈很_____。

　　　　　　Xià bān yǐhòu wǒ zài gōngsī　　　　děng nǐ.
(6) 下班以后我在公司_____等你。

4. 根据图片中人物的表情选择相应的词语。 Match the emotion words with the pictures.

a. 惊喜　　b. 伤心　　c. 着急　　d. 兴奋　　e. 生气　　f. 紧张

(1) _____　(2) _____　(3) _____　(4) _____　(5) _____　(6) _____

二 语法练习　Grammar Exercises

1. 用下列词语组句，然后朗读。 Make sentences using the following words/phrases and then read the sentences aloud.

　　　zuótiān wǎnshang　　jiù　　le　　diǎn　　wǒ　　shuì jiào
(1) 昨天 晚上　　就　　了　　8点　　我　　睡觉

　　→ _____

　　　chàng jīngjù　　suì　　mèimei　　huì　　jiù　　le
(2) 唱 京剧　　5岁　　妹妹　　会　　就　　了

　　→ _____

　　　　　yuè　　zhège dìfang　　le　　xià xuě　　jiù　　jīnnián
(3) 10月　　这个 地方　　了　　下雪　　就　　今年

　　→ _____

　　　jiù　　yíhuìr　　wǒ　　shōushi gānjìng　　bǎ　　fángjiān　　le
(4) 就　　一会儿　　我　　收拾 干净　　把　　房间　　了

　　→ _____

　　　gōngsī　　Liú Dàshuāng　　dào　　cái　　zǒule liǎng ge xiǎoshí
(5) 公司　　刘 大双　　到　　才　　走了 两个小时

　　→ _____

　　　zǒu lù　　suì　　cái　　zhè háizi　　yǐjīng　　huì　　le
(6) 走路　　4岁　　才　　这孩子　　已经　　会　　了

　　→ _____

2. 判断下列句子的正误并改错，然后朗读。Decide whether the following sentences are right or wrong, correct the wrong ones, and then read the sentences aloud.

   Sùliàodài fàngzhe wǔ ge píngguǒ.
(1) 塑料袋 放着 五个 苹果。

   → _____

   Nàge nánháir de shǒuli názhe yí shù xiānhuā.
(2) 那个 男孩儿 的 手里 拿着 一束 鲜花。

   → _____

   Bàngōngshì zuòzhe liǎng ge rén, wǒ bú rènshi tāmen.
(3) 办公室 坐着 两个人，我不认识他们。

   → _____

   Zǎoshang zuò gōnggòng qìchē de shíhou, wǒ pángbiān zhàn yí ge lǎonǎinai.
(4) 早上 坐 公共 汽车 的 时候，我 旁边 站 一个老奶奶。

   → _____

   Gōngyuán ménkǒu de páizi shang huà liǎng zhī xióngmāo.
(5) 公园 门口 的 牌子 上 画 两只 熊猫。

   → _____

   Zhège chéngshì de lù biān zhòng hěn duō shù hé huār.
(6) 这个 城市 的 路边 种 很多 树和花儿。

   → _____

3. 把括号里的词语填到句子合适的位置，然后朗读。Choose the right position for each word in the bracket and then read the sentences aloud.

   Bàba hěn máng, měi tiān diǎn huí jiā. cái
(1) 爸爸__a__很忙，每天__b__9点__c__回家。（才）

   Nǐ zěnme xiànzài lái? Wǒ yǐjīng děngle bàn ge xiǎoshí le. cái
(2) 你怎么现在__a__来？我已经__b__等了__c__半个小时了。（才）

   Nà jiā shāngdiàn de miànbāo diǎn mài wán le. jiù
(3) 那家 商店 的 面包__a__8点__b__卖__c__完了。（就）

   Qǐng nǐ děng yíhuìr, Zhāng jīnglǐ mǎshàng huílai. jiù
(4) 请你__a__等一会儿，张 经理__b__马上__c__回来。（就）

   Wǒ jiā lóu shàng yí wèi niánqīng de huàjiā zhùzhe
(5) 我家__a__楼上__b__一位 年轻 的 画家__c__。（住着）

   Línjū jiā ménkǒu liǎng kē shù yòu gāo yòu dà. zhòngzhe
(6) 邻居家 门口__a__两棵树__b__，__c__又高又大。（种着）

三 听力练习 Listening Exercises

1. 听句子，选择正确答案。Listen to the sentences and choose the right answers.

   07-1
   tā lái de hěn zǎo   tā lái de hěn wǎn   tā pǎo de hěn kuài
(1) a. 他来得很早   b. 他来得很晚   c. 他跑得很快
   tāmen zhànzhe liáo tiānr   tāmen zuòzhe hē kāfēi   tāmen zuòzhe liáo tiānr
(2) a. 他们 站着 聊 天儿   b. 他们 坐着 喝 咖啡   c. 他们 坐着 聊 天儿

2. 听录音，判断正误。 Listen to the recording and decide whether the following statements are true or false.

(1) 邻居的丈夫每个周末都加班。　　　　　　　　　　(　　)
　　Línjū de zhàngfu měi ge zhōumò dōu jiā bān.

(2) 老师让学生写下黑板上的句子。　　　　　　　　　(　　)
　　Lǎoshī ràng xuésheng xiěxia hēibǎn shang de jùzi.

四　汉字练习　Exercises on Chinese Characters

1. 根据拼音写出正确的汉字，然后朗读。 Write characters based on *pinyin*, and then read the sentences aloud.

(1) 我看见桌子上_____(duō)了两把伞，_____(dōu)是红色的。

(2) 老张认为最_____(zhòng)要的事就是_____(zhòng)花儿。

2. 听写句子。 Write down the sentences you hear.

(1) _____

(2) _____

五　交际练习　Communicative Exercise

询问你的同学或朋友下列问题，用"就、才"或"v.+着"回答。Ask a classmate or friend the following questions, and "就", "才" or "v. + 着" should be used in the answers.

(1) 你一般什么时候起床 (to get up)？周末呢？
　　Nǐ yìbān shénme shíhou qǐ chuáng? Zhōumò ne?
　→ _____

(2) 你是什么时候学会写汉字的？
　　Nǐ shì shénme shíhou xuéhuì xiě Hànzì de?
　→ _____

(3) 你们教室的墙上都有什么？
　　Nǐmen jiàoshì de qiáng shang dōu yǒu shénme?
　→ _____

(4) 你做作业做得快还是你朋友做得快？为什么？
　　Nǐ zuò zuòyè zuò de kuài háishi nǐ péngyou zuò de kuài? Wèi shénme?
　→ _____

(5) 你的邻居是什么样的人？
　　Nǐ de línjū shì shénme yàng de rén?
　→ _____

Shuōshuo nǐ zhùguo de yí ge bīnguǎn fángjiān, lǐbian dōu yǒu shénme.
(6) 说说 你住过的一个宾馆 房间，里边 都有什么。

→ _____

五 语篇练习 Textual Exercise

1. 根据自己的实际情况完成表2，然后与阿里的经历做比较，完成下面这段话，注意用上"才"或"就"。Fill in the blanks based on your own situations and complete form 2. Then compare with Ali's experience and complete the following paragraph. Remember to use "才" or "就".

阿里
会说话：1岁
会走路：3岁
开始学汉语：20岁
上大学：25岁

表1

我
会说话：____岁
会走路：____岁
开始学汉语：____岁
上大学：____岁

表2

Ālǐ suì huì shuō huà, wǒ
阿里1岁_____会说话，我_____。

Ālǐ suì wǒ
阿里3岁_____，我_____。

Ālǐ wǒ
阿里_____，我_____。

Ālǐ wǒ
阿里_____，我_____。

2. 看图，比较阿里的房间和你的有什么不同，并写下来，注意用上"v. + 着"。Look at the picture, compare Ali's room with yours, and write down the differences. Remember to use "v. + 着".

Ālǐ fángjiān de zhuōzi shang   wǒ de fángjiān de zhuōzi shang
阿里 房间 的 桌子 上 _____，我的房间 的 桌子 上

Ālǐ fángjiān de yǐzi xiàbian
_____。阿里 房间 的 椅子 下边 _____

wǒ de   Ālǐ de
_____，我的_____。阿里的_____

wǒ de   Ālǐ de
_____，我的_____。阿里的_____

wǒ de
_____，我的_____。

Lesson 8

Cǎifǎng
采访

Interviewing Qian Zhongshu

一 词汇练习 Vocabulary Exercises

1. 根据图片选择相应的词语。Choose the right word for each picture.

a. 小说　　b. 作家　　c. 欢迎　　d. 采访　　e. 拒绝　　f. 母鸡

(1) _____　(2) _____　(3) _____　(4) _____　(5) _____　(6) _____

2. 选词填空并朗读。Choose a word to fill in each blank and then read the sentences aloud.

(1) Jīntiān de ___ shì jièshào yí wèi Zhōngguó ___。
今天的_____是介绍一位中国_____。（a. 作家　b. 作业）

(2) Wǒ de zhàoxiàngjī li ___ le ___ zhāng zhàopiàn。
我的照相机里_____了_____张照片。（a. 几　b. 多）

(3) Zhè běn xiǎoshuō ___ le bù shǎo niánqīngrén de shēnghuó, xiànzài yǐjīng bèi ___ chéngle diànshìjù。
这本小说_____了不少年轻人的生活，现在已经被_____成了电视剧。
（a. 改变　b. 改编）

(4) Zhège zuòjiā hěn ___ huānyíng, dànshì tā bù jiēshòu cǎifǎng, hěn duō cǎifǎngzhě dōu ___ tā jùjué le。
这个作家很_____欢迎，但是他不接受采访，很多采访者都_____他拒绝了。
（a. 被　b. 受）

(5) ___ yǐhòu, tā fāxiàn ___ yánzhòng de yǐngxiǎngle tā de shēnghuó。
_____以后，他发现_____严重地影响了他的生活。（a. 结婚　b. 婚姻）

(6) Sònggěi nǐ yìxiē ___ ba, wǒ jiā de mǔjī yòu ___ le。
送给你一些_____吧，我家的母鸡又_____了。（a. 生蛋　b. 鸡蛋）

3. 连线并朗读。Match and read aloud.

(1) 送　　　　　　音乐家

(2) 翻译　　　　　自然环境

(3) 完成　　　　　英文小说

(4) 念　　　　　　朋友

(5) 保护　　　　　课文

(6) 培养　　　　　工作

4. 选词填空并朗读。Choose a word to fill in each blank and then read the sentences aloud.

| a. 著名 zhùmíng | b. 播出 bōchū | c. 只 zhī | d. 打扮 dǎban | e. 老人 lǎorén | f. 行 xíng |

(1) 今天他要去为一位_____的科学家画像。
   Jīntiān tā yào qù wèi yí wèi de kēxuéjiā huà xiàng.

(2) 今年新年晚会，大家都要_____得漂亮点儿。
   Jīnnián xīnnián wǎnhuì, dàjiā dōu yào de piàoliang diǎnr.

(3) 那个_____被自行车撞倒了。
   Nàge bèi zìxíngchē zhuàngdǎo le.

(4) 你想养一_____可爱的小狗吗？
   Nǐ xiǎng yǎng yì kě'ài de xiǎo gǒu ma?

(5) 他考试题都做对了，真_____！
   Tā kǎoshìtí dōu zuòduì le, zhēn

(6) 意大利队与西班牙队的那场足球比赛几点_____？
   Yìdàlì duì yǔ Xībānyá duì de nà chǎng zúqiú bǐsài jǐ diǎn

语法练习 Grammar Exercises

1. 根据提示词语，用"把 + X + v. + 成 + Y"完成句子，然后朗读。Complete the sentences using "把 + X + v. + 成 + Y" based on the hints given and then read the sentences aloud.

(1) 刘小双要去美国旅游，他想_____（换）。
   Liú Xiǎoshuāng yào qù Měiguó lǚyóu, tā xiǎng huàn

(2) 这个西班牙语句子是什么意思？你能帮我_____（翻译）？
   Zhège Xībānyáyǔ jùzi shì shénme yìsi? Nǐ néng bāng wǒ fānyì

(3) 安妮很喜欢画画儿，妈妈想_____（培养）。
   Ānni hěn xǐhuan huà huàr, māma xiǎng péiyǎng

(4) 方方说星期日去看电影，可是大卫买了星期四的票，他_____
   Fāngfāng shuō Xīngqīrì qù kàn diànyǐng, kěshì Dàwèi mǎile Xīngqīsì de piào, tā
   _____（听）。
   tīng

(5) 这是"回答"，不是"问答"，你_____（念）。
   Zhè shì "huídá", bú shì "wèndá", nǐ niàn

(6) 表演节目的时候，小明戴上了白头发，他_____（打扮）。
   Biǎoyǎn jiémù dì shíhou, Xiǎomíng dàishangle bái tóufa, tā dǎban

2. 连线并朗读。Match and read aloud.

(1) 这本书您翻译得太好了，   你一定要穿衬衫、系领带。
(2) 我女朋友很喜欢珍珠项链，   我一定要给她买一条。
(3) 今天要跟重要的客人见面，   一定要告诉我。
(4) 这是我做的包子，   但是我们一定不能放弃。
(5) 虽然实验又失败了，   我们一定要出版。
(6) 这件事如果你不能做，   你一定要尝尝。

3. 把括号里的词语填到句中合适的位置，然后朗读。 Choose the right position for each word in the bracket and then read the sentences aloud.

(1) 他把"眼睛"___a___说___b___了"眼镜"___c___。（成）

(2) 我把安妮看___a___是___b___我姐姐___c___了。（成）

(3) 他把___a___"我们"写___b___了___c___"找们"。（成）

(4) 如果___a___有他的消息，你___b___要___c___告诉我。（一定）

(5) ___a___我___b___要跟主持人一起___c___拍张照。（一定）

(6) 这个年轻人___a___要___b___为那位科学家___c___画像。（一定）

三 听力练习　Listening Exercises

1. 听句子，选择正确答案。 Listen to the sentences and choose the right answers.

08-1

(1) a. 红色的　　　　b. 绿色的　　　　c. 黄色的

(2) a. 听几场相声　　b. 学说相声　　　c. 给"我"说相声

2. 听录音，判断正误。 Listen to the recording and decide whether the following statements are true or false.

08-2

(1) "我"想让这个小女孩儿演电影。　　　　　　　　　　　　　（　）

(2) "我"要采访那个人，他文章写得非常好。　　　　　　　　　（　）

四 汉字练习　Exercises on Chinese Characters

1. 用下列汉字组词。 Make words using the following characters.

家：_____、_____、_____、_____

电：_____、_____、_____、_____

2. 听写句子。 Write down the sentences you hear.

08-3

(1) _____

(2) _____

五 交际练习　Communicative Exercise

看图表，并根据提示词语完成对话，注意用上"一定"或"把 + X + v. + 成 + Y"。 Look at the picture and form, and complete the dialogues based on the hints given. Remember to use "一定" or "把 + X + v. + Y".

(1) A：你   （拿），是要出差吗？
  B：不是，我打算   （旅游）。
  A：听说你们公司很多人都去过海南。
  B：是啊，所以我   （去）。
  A：你打算住几天？
  B：那儿的风景那么美，我   （住）。
  A：你还应该去海边逛逛。
  B：当然了，我   （晒太阳，游泳）。

```
汉语考试

1. 听写（dictation）：下午你去那儿?
2. 翻译：musician 音乐
3. ……
```

(2) A：今天的考试你怎么做错了这么多题？
  B：是吗？我   （哪儿）？
  A：你看看，你把   （写）。
  B：我知道"哪儿"怎么写，可能是我听错了，我把   （听）。
  A：还有这个呢，你把   （翻译）。
  B：我看错了，我把   （看）。

六 语篇练习 Textual Exercise

1. 说说你学汉语犯过的错误，并根据提示词语完成下面这段话，注意用上"把 + X + v. + 成 + Y"。
Talk about the mistakes you've made when learning Chinese and complete the following paragraph based on the hints given. Remember to use "把 + X + v. + 成 +Y".

有一次，我去_____(Yǒu yí cì, wǒ qù)，我想_____(wǒ xiǎng)，可是我却_____(kěshì wǒ què)_____（成）(chéng)。以后我一定要注意 (to pay attention to)(Yǐhòu wǒ yídìng yào zhùyì)_____，不能再把_____(bù néng zài bǎ)（成）(chéng)。

2. 给大家介绍一部有名的小说，并根据提示词语完成下面这段话，注意用上"一定"或"把 + X + v. + 成 + Y"。Introduce a famous novel and complete the following paragraph based on the hints given. Remember to use "一定" or "把 + X + v. + 成 +Y".

今天我给大家介绍一部小说，名字叫_____(Jīntiān wǒ gěi dàjiā jièshào yí bù xiǎoshuō, míngzi jiào)。这部小说是_____(Zhè bù xiǎoshuō shì)写的，讲的是_____(xiě de, jiǎng de shì)的故事。我很喜欢这部小说，因为_____(de gùshi. Wǒ hěn xǐhuan zhè bù xiǎoshuō, yīnwèi)。听说有人_____(Tīngshuō yǒu rén)_____（成）电影，我还没看过，我_____（一定）(chéng diànyǐng, wǒ hái méi kànguo, wǒ yídìng)。

Lesson 9

Yuán Lóngpíng
袁隆平

Yuan Longping, Father of Hybrid Rice

一 词汇练习 Vocabulary Exercises

1. 选词填空并朗读。Choose a word to fill in each blank and then read the sentences aloud.

tígāo	péiyù	zēngchǎn	yǐnjìn
a. 提高	b. 培育	c. 增产	d. 引进

   (1) _____ 汉语水平 (Hànyǔ shuǐpíng)
   (2) _____ 水稻 (shuǐdào)
   (3) _____ 新方法 (xīn fāngfǎ)
   (4) 粮食 _____ 了 (liángshi ... le)
   (5) _____ 西瓜 (xīguā)
   (6) 产量 _____ 了 (chǎnliàng ... le)

2. 选词填空并朗读。Choose a word to fill in each blank and then read the sentences aloud.

zhī	de
a. 之	b. 的

   (1) 他被称作中国小说 _____ 父。(Tā bèi chēngzuò Zhōngguó xiǎoshuō ___ fù.)
   (2) 我要把我 _____ 母亲介绍给大家。(Wǒ yào bǎ wǒ ___ mǔqīn jièshào gěi dàjiā.)

yì	wàn
a. 亿	b. 万

   (3) 我们大学有两 _____ 名学生。(Wǒmen dàxué yǒu liǎng ___ míng xuésheng.)
   (4) 中国有13 _____ 人口。(Zhōngguó yǒu 13 ___ rénkǒu.)

cóng	lí
a. 从	b. 离

   (5) _____ 中国到美国,坐飞机要十几个小时。(Zhōngguó dào Měiguó, zuò fēijī yào shíjǐ ge xiǎoshí.)
   (6) 中国 _____ 美国很远,要坐飞机。(Zhōngguó ___ Měiguó hěn yuǎn, yào zuò fēijī.)

3. 选词填空并朗读。Choose a word to fill in each blank and then read the sentences aloud.

   (1) 这个消息来得很_____,我得_____告诉张经理。(a. 及时 b. 赶快)
   (2) 我这个_____怎么样?请大家说说自己的_____。(a. 主意 b. 看法)
   (3) 这次旅游活动很_____,饭菜也非常_____。(a. 丰盛 b. 充实)

(4) 记得我 刚 来 的 时候，＿＿＿＿见到 我 会 问："你 是 哪 国＿＿＿＿？"（a. 人　b. 人们）

(5) 现在＿＿＿＿非常 方便，人们 可以 在＿＿＿＿购物。（a. 网络　b. 网 上）

(6) 我们＿＿＿＿，在 这个 问题 上，你 的＿＿＿＿是 不 对 的。（a. 看法　b. 认为）

4. 根据图片选择相应的词语。 Choose the right word for each picture.

a. 面包　　b. 面条　　c. 饺子　　d. 汉堡　　e. 米饭　　f. 比萨饼

(1) ＿＿＿　(2) ＿＿＿　(3) ＿＿＿　(4) ＿＿＿　(5) ＿＿＿　(6) ＿＿＿

二 语法练习　Grammar Exercises

1. 选词填空并朗读。 Choose a word to fill in each blank and then read the sentences aloud.

a. 并　　b. 和　　c. 又

(1) 安妮＿＿＿＿方方 都 喜欢 看 画展。

(2) 张 奶奶 养 的 小 猫 又 可爱＿＿＿＿聪明。

(3) 医生 给 我 开了 药，＿＿＿＿让 我 多 休息。

(4) 昨天 那 场 足球 比赛 又 精彩＿＿＿＿激烈。

(5) 伦敦＿＿＿＿莫斯科 这 两 个 城市 我 都 想 去 看看。

(6) 老李 让 那个 孩子 别 着急，他 给 孩子 父母 打了 电话，＿＿＿＿把 他 送回 家。

2. 把"出"填到句中合适的位置，然后朗读。 Choose the right positions for "出" and then read the sentences aloud.

(1) 谁 能 ＿a＿ 回答 ＿b＿ 这个 问题 ＿c＿？

(2) 如果 你 ＿a＿ 不 说 ＿b＿ 原因 ＿c＿，就 不 能 请假。

(3) 我 想 ＿a＿ 了 半天，也 想 ＿b＿ 不 ＿c＿ 在 哪儿 见过 这个 人。

(4) 谁 能 猜 ＿a＿ 这 篇 小说 ＿b＿ 是 哪个 作家 写 ＿c＿ 的?

(5) 现在，请 ＿a＿ 大家 说 ＿b＿ 自己 的 看法 ＿c＿。

(6) 先 要 找 ＿a＿ 问题 ＿b＿，再 想想 怎么 解决 ＿c＿。

3. 把下列两个句子合并成一句，然后朗读。 Combine each pair of sentences into one and then read the new sentences aloud.

(1) 老师让我们写出听到的句子。
老师让我们把听到的句子翻译成英语。

→ _____

(2) 我捡到了一个钱包。
我把钱包交给了警察。

→ _____

(3) 我能很快查出你的电话号码。
我能记住你的电话号码。

→ _____

(4) 那辆车冲过来了。
那辆车撞伤了我。

→ _____

(5) 王教授几十年如一日地做研究。
王教授研究出一种新方法。

→ _____

(6) 你能听出这是谁的声音吗？
你能告诉我这是谁的声音吗？

→ _____

三 听力练习 Listening Exercises

1. 听句子，选择正确答案。 Listen to the sentences and choose the right answers.

(1) a. 不喜欢写那个汉字　　b. 不知道怎么写那个汉字　　c. 觉得那个汉字很容易

(2) a. 脱外套　　b. 接电话　　c. 买手机

09-2 2. 听录音，判断正误。Listen to the recording and decide whether the following statements are true or false.

Nàge měishíjiā bù zhīdào zhège cài shì yòng shénme zuò de.
(1) 那个美食家不知道这个菜是用什么做的。 （　）

"Wǒ" dǎsuàn bìyè yǐhòu zài Zhōngguó gōngzuò.
(2) "我"打算毕业以后在中国工作。 （　）

四　汉字练习　Exercises on Chinese Characters

1. 辨认汉字，选择正确的汉字填空，然后朗读。Distinguish the characters, choose the right character to fill in each blank, and then read the sentences aloud.

suì nà nián, wǒ　　shǐ xuéxí Zhōngwén,　　duì Hànzì tèbié gǎn xìngqù.
(1) 18岁那年，我____始学习中文，____对汉字特别感兴趣。（a. 并　b. 开）

qīn gàosu wǒ, yǐqián zhège dìfang de　　tōng hěn bù fāngbiàn.
(2) ____亲告诉我，以前这个地方的____通很不方便。（a. 交　b. 父）

09-3 2. 听写句子。Write down the sentences you hear.

(1) _____

(2) _____

五　交际练习　Communicative Exercise

询问你的同学或朋友下列问题，用"v. + 出"或"并"回答。Ask a classmate or friend the following questions, and "v. + 出" or "并" should be used in the answers.

Nǐ shì zěnme kànchū péngyou bù gāoxìng de?
(1) 你是怎么看出朋友不高兴的？

→ _____

Zuòchū yì zhuō fàncài, nǐ yào yòng duō cháng shíjiān?
(2) 做出一桌饭菜，你要用多长时间？

→ _____

Bì yè hòu nǐ dǎsuàn zuò shénme?
(3) 毕业后你打算做什么？

→ _____

Nǐ néng shuōchū Zhōngguó wénhuà hé nǐmen guójiā de wénhuà yǒu shénme bù yíyàng ma?
(4) 你能说出中国文化和你们国家的文化有什么不一样吗？

→ _____

Qí zìxíngchē hǎo bu hǎo? Wèi shénme?
(5) 骑自行车好不好？为什么？

→ _____

<small>Nǐ juéde zěnme dānghǎo yí ge fùqīn / mǔqīn? Yīnggāi zuò xiē shénme?</small>
(6) 你 觉得 怎么 当好 一个 父亲/母亲？应该 做些 什么？

→ _____

六 语篇练习　Textual Exercise

1. 把下列选项按照合适的顺序排列起来，然后朗读。Put the following items in order and then read the paragraph aloud.

   <small>suǒyǐ jǐngchá juéde tā kěnéng shì xiǎotōu</small>
   a. 所以 警察 觉得 他 可能 是 小偷

   <small>bìng wènle tā jǐ ge wèntí</small>
   b. 并 问了 他 几 个 问题

   <small>jǐngchá zhǎodàole nàge rén</small>
   c. 警察 找到了 那个 人

   <small>kěshì tā huídá bu chū zhèxiē wèntí</small>
   d. 可是 他 回答 不 出 这些 问题

   _____

2. 介绍一位你喜欢的作家，并根据提示词语完成下面这段话。Introduce a writer you like and then complete the following paragraph based on the hints given.

   <small>Wǒ xǐhuan de yí wèi zuòjiā jiào　　　　　shì　　　rén. Wǒ xǐhuan tā / tā, shì yīnwèi</small>
   我 喜欢 的 一位 作家 叫_____，是_____人。我喜欢他/她，是因为

   <small>Zhè běn xiǎoshuō shì</small>
   _____。这 本 小说 是_____

   <small>chū de, chūbǎn hòu　　　　　　　　shòu huānyíng</small>
   _____（v.+出）的，出版后_____（受 欢迎），_____

   <small>bìng, fānyì</small>
   _____（并，翻译）。

Lesson 10

Xìngfú xiàng zìzhùcān

幸福像自助餐

Happiness is like a buffet

一 词汇练习 Vocabulary Exercises

1. 选词填空并朗读。Choose a word to fill in each blank and then read the sentences aloud.

> gèzì　　　　zìjǐ
> a. 各自　　b. 自己

(1) 这次考试，我对_____的成绩很满意。
　　Zhè cì kǎoshì, wǒ duì ___ de chéngjì hěn mǎnyì.

(2) 大家都在忙着_____的事业，没有时间一起去旅行。
　　Dàjiā dōu zài mángzhe ___ de shìyè, méiyǒu shíjiān yìqǐ qù lǚxíng.

> xūqiú　　　　xūyào
> a. 需求　　b. 需要

(3) 这家新公司对销售员的_____量很大。
　　Zhè jiā xīn gōngsī duì xiāoshòuyuán de ___ liàng hěn dà.

(4) 她身体不好，_____休假一年。
　　Tā shēntǐ bù hǎo, ___ xiū jià yì nián.

> lǐjiě　　　　liǎojiě
> a. 理解　　b. 了解

(5) 我很_____我爸爸，他从来都是这样，工作第一重要。
　　Wǒ hěn ___ wǒ bàba, tā cónglái dōu shì zhèyàng, gōngzuò dì-yī zhòngyào.

(6) 每个人对成功的_____都不同。
　　Měi ge rén duì chénggōng de ___ dōu bù tóng.

2. 连线并朗读。Match and read aloud.

(1) 寻找　　　　兴趣

(2) 根据　　　　满

(3) 装　　　　　幸福

(4) 希望　　　　一起

(5) 连　　　　　需求

(6) 感　　　　　成功

3. 根据图片选择相应的词语。Choose the right word for each picture.

a. 做梦　　b. 旅行　　c. 自助餐　　d. 桥　　e. 广告　　f. 地理

(1) ____　　(2) ____　　(3) ____　　(4) ____　　(5) ____　　(6) ____

4. 选词填空并朗读。Choose a word to fill in each blank and then read the sentences aloud.

> mànmàn　　yǒu de　　qínggǎn　　fànliàng　　zìzhùcān　　chǎnpǐn
> a. 慢慢　　b. 有的　　c. 情感　　d. 饭量　　e. 自助餐　　f. 产品

(1) 这些礼物都很好，_____还很贵重。
Zhèxiē lǐwù dōu hěn hǎo, _____ hái hěn guìzhòng.

(2) 听说你的_____很大，每天要吃六碗米饭。
Tīngshuō nǐ de _____ hěn dà, měi tiān yào chī liù wǎn mǐfàn.

(3) 运动以后别马上喝水，过一会儿再喝，还要_____喝。
Yùndòng yǐhòu bié mǎshàng hē shuǐ, guò yíhuìr zài hē, hái yào _____ hē.

(4) 我带你去参观一下我们公司的_____。
Wǒ dài nǐ qù cānguān yíxià wǒmen gōngsī de _____.

(5) 这个周末，我们一起去吃_____吧。
Zhège zhōumò, wǒmen yìqǐ qù chī _____ ba.

(6) 她最近怎么总是不高兴，是不是有了_____问题？
Tā zuìjìn zěnme zǒngshì bù gāoxìng, shì bu shì yǒule _____ wèntí?

二 语法练习　Grammar Exercises

1. 连线并朗读。Match and read aloud.

(1) 她的性格　　　　　　　　　　　　老是跟着我。
　　Tā de xìnggé　　　　　　　　　　lǎoshì gēnzhe wǒ.

(2) 小女孩儿觉得自己的生命　　　　　又唱又跳。
　　Xiǎo nǚháir juéde zìjǐ de shēngmìng　　yòu chàng yòu tiào.

(3) 他像我的影子，　　　　　　　　　很像她妈妈。
　　Tā xiàng wǒ de yǐngzi,　　　　　　hěn xiàng tā māma.

(4) 他今天打扮得　　　　　　　　　　可以飞得很高。
　　Tā jīntiān dǎban de　　　　　　　　kěyǐ fēi de hěn gāo.

(5) 我希望我的事业像风筝，　　　　　很像圣诞老人。
　　Wǒ xīwàng wǒ de shìyè xiàng fēngzheng,　　hěn xiàng Shèngdàn Lǎorén.

(6) 他高兴得像个小孩子，　　　　　　就像那一片绿叶。
　　Tā gāoxìng de xiàng ge xiǎo háizi,　　jiù xiàng nà yí piàn lǜ yè.

2. 用下列词语组句，然后朗读。Make sentences using the following words/phrases and then read the sentences aloud.

(1) 这件事　的　是　看法　你　对　什么
　　zhè jiàn shì　de　shì　kànfǎ　nǐ　duì　shénme

→ _____

(2) 她　银行的工作　对　很了解
　　tā　yínháng de gōngzuò　duì　hěn liǎojiě

→ _____

(3) 喝　可乐　对　太多　不好　身体
　　hē　kělè　duì　tài duō　bù hǎo　shēntǐ

→ _____

(4) 每天　加班　有　对　大家　意见　很多
　　měi tiān　jiā bān　yǒu　duì　dàjiā　yìjiàn　hěn duō

→ _____

(5) 自己的婚姻　她　满意　很　不　对
　　zìjǐ de hūnyīn　tā　mǎnyì　hěn　bù　duì

→ _____

(6) 不　我　感兴趣　对　政治
　　bù　wǒ　gǎn xìngqù　duì　zhèngzhì

→ _____

3. 完成句子并朗读。Complete the sentences and then read them aloud.

(1) 你在我这儿就像_____，不要客气，随便点儿。
　　Nǐ zài wǒ zhèr jiù xiàng　　　　　　　　　　búyào kèqi, suíbiàn diǎnr.

(2) 那个人的性格像_____，从来不着急。
　　Nàge rén de xìnggé xiàng　　　　　　　　　cónglái bù zháojí.

(3) 他就像我的哥哥，_____。
　　Tā jiù xiàng wǒ de gēge,

(4) 这儿太干燥了，我对这儿的天气_____。
　　Zhèr tài gānzào le, wǒ duì zhèr de tiānqì

(5) 我们在一起学汉语两年了，我对他_____。
　　Wǒmen zài yìqǐ xué Hànyǔ liǎng nián le, wǒ duì tā

(6) _____，我对他很不满意。
　　　　　　　　　　　　　wǒ duì tā hěn bù mǎnyì.

三 听力练习　Listening Exercises

10-1 1. 听句子，选择正确答案。Listen to the sentences and choose the right answers.

(1) a. 很好　　　　　　b. 不好　　　　　　c. 不知道
　　　hěn hǎo　　　　　　bù hǎo　　　　　　bù zhīdào

(2) a. 让妈妈了解"我"　b. 出国　　　　　　c. 让妈妈出国
　　　ràng māma liǎojiě "wǒ"　chū guó　　　ràng māma chū guó

10-2 2. 听录音，判断正误。Listen to the recording and decide whether the following statements are true or false.

(1) 他是我的经理。　　　　　　　　　　　　（　　）
　　Tā shì wǒ de jīnglǐ.

(2) 那本小说对大家的影响很大。　　　　　　（　　）
　　Nà běn xiǎoshuō duì dàjiā de yǐngxiǎng hěn dà.

四 汉字练习 Exercises on Chinese Characters

1. 用下列汉字组词。Make words using the following characters.

   感：_____、_____、_____、_____

   自：_____、_____、_____、_____

2. 听写句子。Write down the sentences you hear.

   (1) _____

   (2) _____

五 交际练习 Communicative Exercise

根据提示词语完成对话。Complete the dialogues based on the hints given.

(1) A：你真行，赢了"汉语桥"的比赛。
    Nǐ zhēn xíng, yíngle "Hànyǔqiáo" de bǐsài.

   B：我也没想到，_____（做梦）。
      Wǒ yě méi xiǎngdào,   zuò mèng

   A：你刚才的演讲说得真好，_____（像）。
      Nǐ gāngcái de yǎnjiǎng shuō de zhēn hǎo,   xiàng

   B：演讲的时候，我_____（既……又……），还
      Yǎnjiǎng de shíhou, wǒ   jì…… yòu……   hái

   _____。

   A：没问题，那些嘉宾都_____（对……满意）。
      Méi wèntí, nàxiē jiābīn dōu   duì…… mǎnyì

   B：我还要继续练习，希望_____。
      Wǒ hái yào jìxù liànxí, xīwàng

(2) A：你家的书真多，_____（像）。
    Nǐ jiā de shū zhēn duō,   xiàng

   B：我_____（对……感兴趣）。
      Wǒ   duì…… gǎn xìngqù

   A：你对读书的理解是什么？
      Nǐ duì dú shū de lǐjiě shì shénme?

   B：我觉得读书就像_____，要_____
      Wǒ juéde dú shū jiù xiàng   yào

   _____。

   A：我_____（对）与你不同，我觉得_____
      Wǒ   duì yǔ nǐ bù tóng, wǒ juéde

   _____。

   B：我也_____。
      Wǒ yě

六 语篇练习 Textual Exercise

根据提示词语，完成下面两段话。 Complete the following two paragraphs based on the hints given.

(1) 每个人＿＿＿＿＿＿＿（对……理解）不同：有的人觉得时间像行驶的汽车，＿＿＿＿＿＿＿就过去了；有的人觉得＿＿＿＿＿＿＿＿＿＿＿＿＿（慢慢走的老人），＿＿＿＿＿＿＿往前走。我＿＿＿＿＿＿＿（对……理解）是＿＿＿＿＿＿＿＿＿＿＿＿＿＿＿，因为＿＿＿＿＿＿＿＿＿＿＿＿＿＿＿＿＿＿。

(2) 我的朋友＿＿＿＿＿＿＿很像我妈妈，总是告诉我＿＿＿＿＿＿＿＿＿＿＿＿＿（应该）。早上，我想多睡一会儿，可是她却让我＿＿＿＿＿＿＿；吃饭的时候，我想＿＿＿＿＿＿＿＿＿＿＿＿＿（肉），可是她＿＿＿＿＿＿＿＿＿＿＿＿＿（菜）；我＿＿＿＿＿＿＿的时候，她说我应该＿＿＿＿＿＿＿＿＿＿＿＿＿。我＿＿＿＿＿＿＿＿＿＿＿＿＿（对……不理解）。

Lesson 11

Shuǐxīng

水星

The planet Mercury

一 词汇练习　Vocabulary Exercises

1. 根据图片选择相应的词语。 Choose the right word for each picture.

a. 艺术家　　b. 地球　　c. 水星　　d. 摄氏度　　e. 兄弟　　f. 文学家

(1) _____　(2) _____　(3) _____　(4) _____　(5) _____　(6) _____

2. 选词填空并朗读。 Choose a word to fill in each blank and then read the sentences aloud.

(1) 虽然我_____阿里矮，但是跟本杰明_____，我算是高的。（a. 相比　b. 比）

(2) 在房间里看，这张桌子_____的颜色是红色；搬到_____，颜色就变浅了。（a. 表面　b. 外面）

(3) 我最喜欢在海边_____太阳，太阳_____在身上很舒服。（a. 照　b. 晒）

(4) 身体的_____叫_____。（a. 温度　b. 体温）

(5) 这座大楼是一位艺术家_____的，大家都觉得这个_____很好。
（a. 命名　b. 名字）

(6) 收入高的工作有很多，_____，律师是赚钱最多的工作_____。
（a. 之一　b. 其中）

3. 选词填空并朗读。 Choose a word to fill in each blank and then read the sentences aloud.

búcuò	tǐng	zěnyàng	zhēnzhèng	lǐxiǎng	xiànshí
a. 不错	b. 挺	c. 怎样	d. 真正	e. 理想	f. 现实

(1) _____生活中，不都是阳光，也有风雨。

(2) 你知道_____做蛋糕才能又好看又好吃吗？

(3) 今天天气真_____，咱们出去走走，怎么样？

51

Jīntiān wǎnshang wǒ qǐng nǐ chī   de lǎo Běijīng zhájiàngmiàn.
(4) 今天 晚上 我 请 你 吃_____的 老 北京 炸酱面。

Dāng dǎoyóu shì wǒ de
(5) 当 导游 是 我 的_____。

Wǒ juéde zhège gōngzuò   shìhé nǐ de, nǐ kěyǐ qù yìngpìn.
(6) 我 觉得 这个 工作_____适合 你 的，你 可以 去 应聘。

4. 查阅相关资料，写出太阳系中的八大行星。Do some research and write down the names of the eight planets in the solar system.

___

 语法练习 Grammar Exercises

1. 用下列词语组句，并将句子变成疑问句和否定句，然后朗读。Make sentences using the following words/phrases, turn the sentences into interrogative and negative ones, and then read the sentences aloud.

　　　suànshì   hǎo fāngfǎ   zǒu lù shang bān   yí ge   jiànshēn
(1) 算是   好方法   走 路 上 班   一个   健身

→ _____

　　　yǔyán   suànshì   Hànyǔ   zuì yǒu yìsi de   zhī yī
(2) 语言   算是   汉语   最 有 意思 的   之一

→ _____

　　　làngmàn de   zhèyàng de   zuì   suànshì   lǐwù
(3) 浪漫 的   这样 的   最   算是   礼物

→ _____

　　　zuì yǒumíng de   zhī yī   《Wéichéng》   Zhōngguó   suànshì   diànshìjù
(4) 最 有名 的   之一   《围城》   中国   算是   电视剧

→ _____

　　　sòng   yì hé   nǐ   qiǎokèlì   suànshì   shēngrì lǐwù   gěi nǐ de
(5) 送   一盒   你   巧克力   算是   生日 礼物   给 你 的

→ _____

　　　chuántǒng jiérì   Zhōngguó de   zhège jiérì   suànshì
(6) 传统 节日   中国 的   这个 节日   算是

→ _____

52

2. 选词填空并朗读。Choose a word to fill in each blank and then read the sentences aloud.

> cóng　　lí　　dào
> a. 从　　b. 离　　c. 到

　　　　Nàge hǎijǐngfáng　　shì zhōngxīn hěn yuǎn.
(1) 那个 海景房＿＿＿市 中心 很 远。

　　　xiànzài　　kǎoshì jiéshù hái yǒu shíwǔ fēnzhōng.
(2) ＿＿＿现在＿＿＿考试 结束 还 有 十五 分钟。

　　　Wǒmen　　qiánbian de chē tài jìn le, qǐng nǐ màn diǎnr kāi.
(3) 我们＿＿＿前边 的 车 太 近 了，请 你 慢 点儿 开。

　　　　huǒchēzhàn　　bīnguǎn yǒudiǎnr yuǎn, zánmen zuò chūzūchē ba.
(4) ＿＿＿火车站＿＿＿宾馆 有点儿 远，咱们 坐 出租车 吧。

　　Tā de shìyè　　chénggōng hěn jìn, dàn tā　　jiātíng què hěn yuǎn.
(5) 他的事业＿＿＿成功 很 近，但 他＿＿＿家庭 却 很 远。

　　Hěn duō rén juéde　　chéngshì　　shāmò jùlí hěn yuǎn, qíshí shāmò　　wǒmen fēicháng jìn.
(6) 很 多 人 觉得＿＿＿城市＿＿＿沙漠 距离 很 远，其实 沙漠＿＿＿我们 非常 近。

3. 把括号中的词语填到句中合适的位置，然后朗读。Choose the right position for each word in the bracket and then read the sentences aloud.

　　Wǒ jiā　　hǎibiān　　hěn jìn, xiǎoshíhou wǒ měi tiān qù　　hǎibiān wánr.　　lí
(1) 我 家＿a＿海边＿b＿很 近，小时候 我 每 天 去＿c＿海边 玩儿。（离）

　　Ālǐ　　wǒmen bān　　zuì cōngming de xuésheng.　　suànshì
(2) ＿a＿阿里＿b＿我们 班＿c＿最 聪明 的 学生。（算是）

　　Xiànzài gāng　　kāi xué, shǔjià hái　　fēicháng yuǎn.　　lí
(3) 现在 刚＿a＿开学，＿b＿暑假 还＿c＿非常 远。（离）

　　Zhè fú huàxiàng　　suàn　　shì nàge niánqīng huàjiā　　zuì yǒumíng de huàr.　　bù
(4) 这 幅 画像＿a＿算＿b＿是 那个 年轻 画家＿c＿最 有名 的 画儿。（不）

　　Chūnjié　　Zhōngguó　　zuì zhòngyào de　　chuántǒng jiérì.　　suànshì
(5) 春节＿a＿中国＿b＿最 重要 的＿c＿传统 节日。（算是）

　　Nàge nǚrén zǒngshì　　juéde zìjǐ　　xìngfú hěn yuǎn.　　lí
(6) 那个 女人 总是＿a＿觉得 自己＿b＿幸福 很 远。（离）

三　听力练习　Listening Exercises

11-1

1. 听录音，判断正误。Listen to the recording and decide whether the following statements are true or false.

　　Mòsīkē de dōngtiān bǐ Běijīng lěng.
(1) 莫斯科 的 冬天 比 北京 冷。　　　　　　　　　　（　　）

　　Zhège dìfang fángjià hěn dī, yīnwèi lí shì zhōngxīn hěn yuǎn.
(2) 这个 地方 房价 很 低，因为 离 市 中心 很 远。（　　）

11-2

2. 听短对话，选择正确答案。Listen to the short dialogues and choose the right answers.

　　　shì zuì guì de lǐwù　　　　shì zuì yǒu yìyì de lǐwù　　　　bú shì shēngrì lǐwù
(1) a. 是 最 贵 的 礼物　　b. 是 最 有 意义 的 礼物　　c. 不 是 生日 礼物

　　　tiānqì tài rè　　　　shāngchǎng bù yuǎn　　　　bówùguǎn bù yuǎn
(2) a. 天气 太 热　　　b. 商场 不 远　　　　c. 博物馆 不 远

53

四 汉字练习　Exercises on Chinese Characters

1. 根据拼音写出正确的汉字，然后朗读。 Write characters based on *pinyin*, and then read the sentences aloud.

(1) 今年的演讲比赛的_____(dì)一名是我兄_____(di)。

(2) 这个_____(xiāng)子和那个_____(xiāng)比，虽然贵，但是很漂亮。

2. 听写句子。 Write down the sentences you hear.

(1) _____

(2) _____

五 交际练习　Communicative Exercise

询问你的同学或朋友下列问题，用"X 离 Y 远 / 近"或"算是"回答。Ask a classmate or friend the following questions and "X 离 Y 远 / 近" or "算是" should be used in the answers.

(1) Nǐ yìbān zěnme qù jīchǎng? Wèi shénme?
你一般怎么去机场？为什么？
→ _____

(2) Nǐ juéde Yáo Míng zěnmeyàng?
你觉得姚明怎么样？
→ _____

(3) Nǐ xiǎng zhù zài xuéxiào lǐbian háishi xuéxiào wàibian? Wèi shénme?
你想住在学校里边还是学校外边？为什么？
→ _____

(4) Nǐ kànguo de zuì hǎokàn de diànyǐng shì shénme?
你看过的最好看的电影是什么？
→ _____

(5) Nǐ juéde zìjǐ shì ge chénggōng de rén ma?
你觉得自己是个成功的人吗？
→ _____

(6) Shéi shì nǐ de jiāli zuì xìngfú de rén?
谁是你的家里最幸福的人？
→ _____

九 语篇练习 Textual Exercise

1. 把下列选项按照合适的顺序排列起来，然后朗读。Put the following items in order and then read the paragraph aloud.

   a. 虽然它离市中心很远
   　　suīrán tā lí shì zhōngxīn hěn yuǎn

   b. 其中长城算是最有名的地方之一
   　　qízhōng Chángchéng suànshì zuì yǒumíng de dìfang zhī yī

   c. 北京有很多有名的地方
   　　Běijīng yǒu hěn duō yǒumíng de dìfang

   d. 但是每天都有很多人去参观
   　　dànshì měi tiān dōu yǒu hěn duō rén qù cānguān

   _____

2. 完成表2，从不同方面比较中国和你们国家，并根据提示词语完成下面这段话。Fill in form 2, compare China and your country in different aspects, and complete the following paragraph based on the hints given.

   中国
   有名的城市：北京、西安
   好喝的饮料：茶
   最重要的传统节日：春节

   表1

   我的家乡
   有名的城市：_____和_____
   好喝的饮料：_____
   最重要的传统节日：_____

   表2

   我们国家离中国_____。北京和西安_____（算是）。北京_____（离），有一千多公里。_____和_____可以算是我们国家_____，_____离_____。中国人爱喝茶，茶_____（算是）。我们国家的人爱喝_____，_____（算是）。春节是中国_____，_____是我们国家_____。

Lesson 12

Sòng làzhú
送蜡烛
Offering a candle

一 词汇练习　Vocabulary Exercises

1. 根据图片选择相应的词语。 Choose the right word for each picture.

a. 搬家　　b. 蜡烛　　c. 敲门　　d. 隔壁　　e. 阿姨　　f. 心

(1) ＿＿＿　(2) ＿＿＿　(3) ＿＿＿　(4) ＿＿＿　(5) ＿＿＿　(6) ＿＿＿

2. 选词填空并朗读。 Choose a word to fill in each blank and then read the sentences aloud.

(1) ＿＿＿她刚才冷冰冰的，但是听到这个消息后，＿＿＿变得很热情。
　　（a. 忽然　b. 虽然）

(2) 我＿＿＿想点蜡烛，听见有人＿＿＿敲门。（a. 正　b. 正在）

(3) 主持人十分＿＿＿地问大家："怎么样，今天的表演大家＿＿＿吗？"
　　（a. 得意　b. 满意）

(4) 我没时间把照相机给他＿＿＿过去，我让他自己来＿＿＿。（a. 取　b. 送）

(5) 阿里，意大利队马上要＿＿＿了，你帮我去看看是谁＿＿＿。
　　（a. 敲门　b. 射门）

(6) 我问了问他们吵架的＿＿＿，＿＿＿是弟弟把姐姐的杯子摔坏了。
　　（a. 原因　b. 原来）

3. 选词填空并朗读。 Choose a word to fill in each blank and then read the sentences aloud.

> a. 冷冰冰　b. 半天　c. 长　d. 关机　e. 幽默　f. 家人

(1) 你＿＿＿跟你一起去旅行吗？

(2) 你快进去吧，她都等了＿＿＿了。

　　　　　Nàge　　fàndiàn de　fúwùyuán zǒngshì　　　　　　de.
(3) 那个 饭店 的 服务员 总是 ＿＿＿＿的。

　　　　Ānni　 shuō tā xǐhuan shuō huà　　　　 de rén.
(4) 安妮 说 她喜欢 说 话＿＿＿＿＿＿的人。

　　　Nǐ　de shǒujī wèi shénme　　　 le?
(5) 你 的 手机 为 什么 ＿＿＿＿了？

　　　Dàshuāng hé　Xiǎoshuāng　　de zhēn xiàng!
(6) 大双　 和　小双　 ＿＿＿得 真 像！

4. 为下列词语选择合适的搭配，然后朗读。Match the verbs and nouns and then read the phrases aloud.

tíng	tīng	jiǎng	diǎn	zhù	ānzhuāng
a. 停	b. 听	c. 讲	d. 点	e. 住	f. 安装

　　　　xiàohua　　　　　　　　yuàn　　　　　　　ruǎnjiàn
(1) ＿＿笑话　　(2) ＿＿院　　(3) ＿＿软件

　　　　làzhú　　　　　　　　diàn　　　　　　　jiǎngzuò
(4) ＿＿蜡烛　　(5) ＿＿电　　(6) ＿＿讲座

二　语法练习　Grammar Exercises

1. 根据提示词语完成句子，然后朗读。Complete the sentences based on the hints given and then read the sentences aloud.

　　　Lín Mù juéde hěn bù hǎoyìsi,　　　　　　　　　　　　　yuánlái, xǐshǒujiān
(1) 林木 觉得 很 不 好意思, ＿＿＿＿＿＿＿＿＿＿＿＿＿（原来, 洗手间）。

　　　Ānni juéde hěn jǐnzhāng,　　　　　　　　　　　　yuánlái, kǎoshì
(2) 安妮 觉得 很 紧张, ＿＿＿＿＿＿＿＿＿＿＿＿＿（原来, 考试）。

　　　Dàwèi juéde hěn xīngfèn,　　　　　　　　　　　　yuánlái, bǐsài
(3) 大卫 觉得 很 兴奋, ＿＿＿＿＿＿＿＿＿＿＿＿＿（原来, 比赛）。

　　　Guàibude Xiǎoshuāng nàme shāngxīn,　　　　　　　yuánlái, shǒujī
(4) 怪不得 小双 那么 伤心, ＿＿＿＿＿＿＿＿＿＿＿＿＿（原来, 手机）。

　　　Qiánmian de chē wèi shénme bàntiān dōu bú dòng?　　　　yuánlái, xī huǒ
(5) 前面 的 车 为什么 半天 都 不 动？＿＿＿＿＿＿＿＿＿＿＿（原来, 熄火）。

　　　Guàibude zhè jǐ tiān méi kànjiàn Lín Mù,　　　　　　yuánlái, chū chāi
(6) 怪不得 这 几 天 没 看见 林木, ＿＿＿＿＿＿＿＿＿＿＿＿＿（原来, 出差）。

2. 把"给"填到句中合适的位置，然后朗读。Choose the right positions for "给" and then read the sentences aloud.

　　　Qīzi　　měi tiān zǎoshang　　zhàngfu　　jì lǐngdài.
(1) 妻子 ＿a＿ 每天 早上 ＿b＿ 丈夫 ＿c＿ 系领带。

　　　　jiějie zài　　mèimei　huà zhuāng.
(2) ＿a＿姐姐 在 ＿b＿ 妹妹 ＿c＿ 化 妆。

　　　　wǒ wàngle dài hùzhào,　　tā xiànzài yào　　wǒ sònglai.
(3) ＿a＿ 我 忘了 带 护照, ＿b＿ 他 现在 要 ＿c＿ 我 送来。

　　　Wǒmen　liǎng ge dōu kě le,　　nǐ qù　　wǒmen mǎi píng kuàngquánshuǐ ba.
(4) 我们 ＿a＿ 两 个 都 渴 了, ＿b＿ 你 去 ＿c＿ 我们 买 瓶 矿泉水 吧。

　　　Shàng ge yuè,　　māma　　méi　　érzi xiě xìn.
(5) 上 个 月, ＿a＿ 妈妈 ＿b＿ 没 ＿c＿ 儿子 写 信。

　　　Wǒ　péngyou gāng　　gōngsī fānyìle　　yì piān wénzhāng.
(6) 我 ＿a＿ 朋友 刚 ＿b＿ 公司 翻译了 ＿c＿ 一 篇 文章。

57

3. 用"给"和"原来"改写下列句子，然后朗读。Rewrite the following sentences using "给" and "原来" and then read the sentences aloud.

(1) Lín Mù chángcháng mǎi lǐwù, dàjiā dōu xǐhuan tā.
    林木 常常 买 礼物，大家 都 喜欢 他。

    → 怪不得大家都喜欢林木，原来他常常给大家买礼物。

    Guàibude dàjiā dōu xǐhuan Lín Mù, yuánlái tā chángcháng gěi dàjiā mǎi lǐwù.

(2) Xiǎo Wáng jiǎngle yí ge xiàohua, dàjiā dōu xiào le.
    小 王 讲 了 一 个 笑话，大家 都 笑 了。

    → _____

(3) Liú yīshēng mǎile yì tiáo zhēnzhū xiàngliàn, nǚpéngyou hěn gāoxìng.
    刘 医生 买 了 一 条 珍珠 项链，女朋友 很 高兴。

    → _____

(4) Xiàozhǎng yào fā jiǎng, dàjiā dōu hěn xīngfèn.
    校长 要 发 奖，大家 都 很 兴奋。

    → _____

(5) Qīzi shuō yào zuò yì zhuō fēngshèng de cài, zhàngfu juéde hěn xìngfú.
    妻子 说 要 做 一 桌 丰盛 的 菜，丈夫 觉得 很 幸福。

    → _____

(6) Érzi méi dǎ diànhuà, bàba hěn zháojí.
    儿子 没 打 电话，爸爸 很 着急。

    → _____

三 听力练习 Listening Exercises

1. 听录音，判断正误。Listen to the recording and decide whether the following statements are true or false.

   12-1

   (1) Tā xīwàng shíyàn néng chénggōng.
       他 希望 实验 能 成功。   （ ）

   (2) Nǚ'ér hěn xǐhuan jiǎng gùshi.
       女儿 很 喜欢 讲 故事。   （ ）

2. 听短对话，选择正确答案。Listen to the short dialogues and choose the right answers.

   12-2

   (1) a. tā juéde liǎng ge rén qù Xībānyá méi yìsi   b. tā qùguo Xībānyá   c. tā bù xǐhuan Xībānyá
          她 觉得 两 个 人 去 西班牙 没 意思   b. 她 去过 西班牙   c. 她 不 喜欢 西班牙

   (2) a. kàn diànyǐng   b. kǎo diànyǐng   c. xiě zuòyè
          看 电影   b. 拷 电影   c. 写 作业

四 汉字练习 Exercises on Chinese Characters

1. 用下列汉字组词。Make words using the following characters.

   意：_____、_____、_____、_____

   院：_____、_____、_____、_____

2. 听写句子。Write down the sentences you hear.

   (1) _____

   (2) _____

五 交际练习 Communicative Exercise

根据提示词语完成对话。Complete the dialogues based on the hints given.

(1) A：服务员，请_____（给，菜单）。

    B：你想吃点儿什么？牛肉怎么样？

    A：我不吃肉，你_____。

    B：怪不得你这么瘦，_____（原来）。

    A：我们_____？

    B：喝啤酒吧，今天_____（打折）。

    A：怪不得大家都在高兴地喝啤酒，_____（原来）。

(2) A：你为什么现在就回来了，还这么不高兴？

    B：我跟女朋友说好_____，可是电影开始了，她_____（来）。

    A：她没_____（给，电话）？

    B：刚才_____（给，短信），_____（原来），她得跟爸妈一起逛街。

    A：你是她男朋友，可以一起去啊。

    B：她爸妈不知道我们的事。

    A：_____（原来）。

六 语篇练习 Textual Exercise

1. 把下列选项按照合适的顺序排列起来，然后朗读。Put the following items in order and then read the paragraph aloud.

   a. 大家都说他的讲座很精彩

   b. 昨天王老师给留学生做了一个讲座

   c. 他给大家介绍了学习汉语的方法

   d. 原来他讲得又清楚又有用，还很幽默

   _____

2. 写一次你收到礼物的情景，并根据提示词语完成下面这段话。Write about one of your experiences of receiving a gift, and complete the following paragraph based on the hints given.

   _____(de shíhou)的时候，我收到了_____(wǒ shōudàole)_____送给我的一个礼物。他/她给我买了_____(Tā gěi wǒ mǎile)，我觉得_____(wǒ juéde)。这个礼物_____(又……又……)(yòu……yòu……)，我问他/她为什么_____(wǒ wèn tā / tā wèi shénme)_____(给)(gěi)，_____(原来)(yuánlái)。

Lesson 13

Mài shànzi

卖扇子

Selling fans

一 词汇练习 Vocabulary Exercises

1. 根据图片选择相应的词语。Choose the right word for each picture.

a. 围　　　b. 老奶奶　　　c. 扇子　　　d. 抢　　　e. 集市　　　f. 书法家

(1) _____　(2) _____　(3) _____　(4) _____　(5) _____　(6) _____

2. 选词填空并朗读。Choose a word to fill in each blank and then read the sentences aloud.

(1) _____ 吧，我一定能修好你的电脑，别_____。（a. 放心　b. 担心）
　　ba, wǒ yídìng néng xiūhǎo nǐ de diànnǎo, bié　　fàng xīn　dān xīn

(2) 经理，我_____，今天_____完成这项工作。（a. 一定　b. 保证）
　　Jīnglǐ, wǒ　　jīntiān　　wánchéng zhè xiàng gōngzuò. yídìng bǎozhèng

(3) 考试的时候要有_____，_____做题，别看别人的。（a. 自信　b. 自己）
　　Kǎoshì de shíhou yào yǒu　　zuò tí, bié kàn biéren de. zìxìn zìjǐ

(4) 我_____大家_____会同意你的主意。（a. 保证　b. 一定）
　　Wǒ　dàjiā　huì tóngyì nǐ de zhǔyi. bǎozhèng yídìng

(5) 男朋友送给方方一条_____漂亮的珍珠项链，她高兴_____。
　　Nánpéngyou sònggěi Fāngfāng yì tiáo　　piàoliang de zhēnzhū xiàngliàn, tā gāoxìng
　　（a. 极其　b. 极了）
　　jíqí　jí le

(6) 你_____去吧，电影票_____就会卖光。（a. 赶紧　b. 立刻）
　　Nǐ　qù ba, diànyǐngpiào　jiù huì màiguāng. gǎnjǐn lìkè

3. 选词填空并朗读。Choose a word to fill in each blank and then read the sentences aloud.

a. 追　　b. 响　　c. 点　　d. 鼓掌　　e. 迎　　f. 端
zhuī　　xiǎng　　diǎn　　gǔ zhǎng　　yíng　　duān

(1) 服务员，我们现在_____菜。
　　Fúwùyuán, wǒmen xiànzài　cài.

(2) 那个警察正在_____小偷。
　　Nàge jǐngchá zhèngzài　xiǎotōu.

(3) 经理刚下飞机，秘书就_____上来了。
　　Jīnglǐ gāng xià fēijī, mìshū jiù　shanglai le.

(4) 服务员把咖啡_____过来了。
　　Fúwùyuán bǎ kāfēi　guolai le.

(5) 观众都为那个演员的精彩表演而_____。
　　Guānzhòng dōu wèi nàge yǎnyuán de jīngcǎi biǎoyǎn ér

(6) 你的手机_____了，是谁打来的？
　　Nǐ de shǒujī　le, shì shéi dǎlai de?

4. 连线并朗读。Match and read aloud.

(1) 交　　　　　　　　　　自信

(2) 流行　　　　　　　　　观众

(3) 手机　　　　　　　　　响了

(4) 通知　　　　　　　　　读书报告

(5) 兴奋的　　　　　　　　大家

(6) 十分　　　　　　　　　款式

二 语法练习　Grammar Exercises

1. 用下列词语组句，然后朗读。Make sentences using the following words/phrases and then read the sentences aloud.

(1) gāoxìng de　gē　mèimei　qǐ　lái　chàng
高兴 地　歌　妹妹　起　来　唱
→ _____

(2) qǐlai　nàge　shāngxīn de　nǚháir　kū
起来　那个　伤心 地　女孩儿　哭
→ _____

(3) wǔ　lái　lìkè　dàjiā　qǐ　tiào
舞　来　立刻　大家　起　跳
→ _____

(4) liáo　xīngfèn de　lái　péngyoumen　qǐ　tiānr
聊　兴奋 地　来　朋友们　起　天儿
→ _____

(5) téng　sǎngzi　qǐlai　wǒ de　tūrán　le
疼　嗓子　起来　我 的　突然　了
→ _____

(6) xiǎng　xǐ zǎo de shíhou　qǐlai　diànhuà　wǒ de　le
响　洗澡 的 时候　起来　电话　我 的　了
→ _____

2. 把"上来"填到句中合适的位置，然后朗读。Choose the right positions for "上来" and then read the sentences aloud.

(1) Lǎoshī, Běnjiémíng　　de zuòyè hái méi　　jiāo
老师，本杰明___a___的作业还没___b___交___c___。

(2) Fúwùyuán, qǐng　　bǎ wǒmen de cài duān　　ba
服务员，请___a___把我们的菜端___b___吧___c___。

62

(3) 我们开___a___得很慢，后边___b___的车很快就追___c___了。

(4) 咱们等___a___后边的人跟___b___再继续走___c___吧。

(5) 画家画像___a___的时候，人们都围___b___看___c___。

(6) 放心，咱们走___a___得快，他们追___b___不___c___。

3. 选词填空并朗读。Choose a word to fill in each blank and then read the sentences aloud.

> a. 上来　　b. 起来

(1) 他回到自己的房间，打开钢琴，弹了_____。

(2) 你听，外边那几个人吵_____了。

(3) 那位主持人很有名，所以节目结束后，观众们都冲_____跟他拍照。

(4) 看到那只漂亮的小猫，大家立刻围了_____。

(5) 孩子很晚还没回家，妈妈担心_____。

(6) 拿到好吃的糖，那个孩子立刻不哭了，笑了_____。

三 听力练习　Listening Exercises

1. 听录音，判断正误。Listen to the recording and decide whether the following statements are true or false.

(1) 今天下午没下雨。　　　　　　　　　　　　　　（　）

(2) "我"跑得太慢，所以小伙子追上了"我"。　　　（　）

2. 听短对话，选择正确答案。Listen to the short dialogues and choose the right answers.

(1) a. 卖水果　　　b. 买水果　　　c. 种水果

(2) a. 人多了　　　b. 车便宜了　　c. 人们生活好了

四 汉字练习　Exercises on Chinese Characters

1. 辨认汉字，选择正确的汉字填空，然后朗读。Distinguish the characters, choose the right character to fill in each blank, and then read the sentences aloud.

(1) 每天下午三点一_____，奶奶都要去幼儿园门口接_____子。（孩，刻）

(2) 这件衣服的款_____不错，你_____一下吧。（式，试）

63

2. 听写句子。Write down the sentences you hear.

(1) _____

(2) _____

五 交际练习 Communicative Exercise

根据提示词语完成对话。 Complete the dialogues based on the hints given.

(1) A：天 怎么 突然_____(v.+起来)了?
　　　　Tiān zěnme tūrán　　　　　　　　　qǐlai le?

　　B：已经 下了 半天 了。
　　　　Yǐjīng xiàle bàntiān le.

　　A：这 雨 是 什么 时候_____(v.+起来)的?
　　　　Zhè yǔ shì shénme shíhou　　　　　　qǐlai de?

　　B：一个 小时 前 就_____(v.+起来)了。
　　　　Yí ge xiǎoshí qián jiù　　　　　　qǐlai le.

　　A：是 吗? _____, 不 知道 下 雨, 也 没 带 伞。
　　　　Shì ma?　　　　　　　　　bù zhīdào xià yǔ, yě méi dài sǎn.

　　B：我 有 两 把 伞, 可以 借给 你。
　　　　Wǒ yǒu liǎng bǎ sǎn, kěyǐ jiègěi nǐ.

(2) A：昨天 运动会 的 跑步 比赛 怎么样?
　　　　Zuótiān yùndònghuì de pǎobù bǐsài zěnmeyàng?

　　B：_____(激烈)。
　　　　　　　　　　　　　　　jīliè

　　A：_____?

　　B：最后 安妮 得了 冠军。
　　　　Zuìhòu Ānní déle guànjūn.

　　A：安娜 开始 不是 在 最 前面 吗? 怎么 没 得 冠军 啊?
　　　　Ānnà kāishǐ bú shì zài zuì qiánmian ma? Zěnme méi dé guànjūn a?

　　B：_____(v.+上来)。
　　　　　　　　　　　　　　　shànglai

六 语篇练习 Textual Exercise

1. 把下列选项按照合适的顺序排列起来，然后朗读。Put the following items in order and then read the paragraph aloud.

a. 老 王 答应 了
　　Lǎo Wáng dāying le

b. 字 写完 了, 年轻人 高兴 地 拿走 了
　　zì xiěwán le, niánqīngrén gāoxìng de názǒu le

c. 有 一天, 有 个 年轻人 请求 他 为 自己 写 几 个 字
　　yǒu yì tiān, yǒu ge niánqīngrén qǐngqiú tā wèi zìjǐ xiě jǐ ge zì

d. 老 王 是 个 有名 的 书法家
　　Lǎo Wáng shì ge yǒumíng de shūfǎjiā

e. 他 把 纸 打开, 就 写起 字 来
　　tā bǎ zhǐ dǎkāi, jiù xiěqǐ zì lai

_____

2. 看图，根据上下文，把下面的故事补充完整，并写下来。Look at the picture, complete the following story based on the context, and write it down.

有一个12岁的小男孩儿，会＿＿＿＿＿＿。他每个周末都＿＿＿＿＿＿＿＿＿＿＿＿。小男孩儿每次都先把帽子＿＿＿＿＿＿＿＿＿＿＿＿（下来），然后＿＿＿＿＿＿＿＿＿＿＿＿＿＿＿＿（起来）。刚开始的时候，只有＿＿＿＿＿＿听他拉琴。因为他拉得＿＿＿＿＿＿，所以一会儿就有＿＿＿＿＿＿＿＿＿＿＿＿（上来）。

Lesson 14

找声音
Zhǎo shēngyīn

Looking for your voice

一 词汇练习 Vocabulary Exercises

1. 选词填空并朗读。 Choose a word to fill in each blank and then read the sentences aloud.

> a. 之后 (zhī hòu)　　b. 以后 (yǐhòu)

(1) 我十岁跟妈妈一起去美国生活了三年，＿＿＿又去日本生活了两年。
　　Wǒ shí suì gēn māma yìqǐ qù Měiguó shēnghuóle sān nián, yòu qù Rìběn shēnghuóle liǎng nián.

(2) 明天下课＿＿＿，我跟你一起去博物馆。
　　Míngtiān xià kè, wǒ gēn nǐ yìqǐ qù bówùguǎn.

> a. 最后 (zuìhòu)　　b. 终于 (zhōngyú)

(3) 昨天是谁＿＿＿一个离开教室的？
　　Zuótiān shì shéi yí ge líkāi jiàoshì de?

(4) 他给我安装了这个软件后，我的电脑＿＿＿能用了。
　　Tā gěi wǒ ānzhuāngle zhège ruǎnjiàn hòu, wǒ de diànnǎo néng yòng le.

> a. 对 (duì)　　b. 双 (shuāng)

(5) 方方，你去厨房给我拿一＿＿＿筷子。
　　Fāngfāng, nǐ qù chúfáng gěi wǒ ná yí kuàizi.

(6) 隔壁的那个女人生了一＿＿＿双胞胎。
　　Gébì de nàge nǚrén shēngle yí shuāngbāotāi.

2. 选词填空并朗读。 Choose a word to fill in each blank and then read the sentences aloud.

> a. 好几 (hǎojǐ)　　b. 翻箱倒柜 (fānxiāngdǎoguì)　　c. 弄 (nòng)　　d. 到底 (dàodǐ)　　e. 喊 (hǎn)　　f. 和好 (héhǎo)

(1) 女儿高兴地＿＿＿起来："我找到钱包啦！"
　　Nǚ'ér gāoxìng de qǐlai: "Wǒ zhǎodào qiánbāo la!"

(2) 你＿＿＿地找什么呢？
　　Nǐ de zhǎo shénme ne?

(3) 明天晚上的聚会你＿＿＿去不去？
　　Míngtiān wǎnshang de jùhuì nǐ qù bu qù?

(4) 这对夫妻还没＿＿＿，好几天一直不说话。
　　Zhè duì fūqī hái méi, hǎojǐ tiān yìzhí bù shuō huà.

(5) 大卫把我的照相机＿＿＿坏了。
　　Dàwèi bǎ wǒ de zhàoxiàngjī huài le.

(6) 这个假期，我写了＿＿＿篇读书报告。
　　Zhège jiàqī, wǒ xiěle piān dú shū bàogào.

3. 连线并朗读。Match and read aloud.

(1) 一首　　　　　　　　水平

(2) 实现　　　　　　　　问题

(3) 通过　　　　　　　　歌

(4) 三级　　　　　　　　生活

(5) 童年的　　　　　　　考试

(6) 简单的　　　　　　　梦想

4. 根据图片选择相应的词语。Choose the right word for each picture.

a. 拐弯　　b. 夫妻　　c. 乱七八糟　　d. 说话　　e. 进屋　　f. 睡着

(1) ＿＿　(2) ＿＿　(3) ＿＿　(4) ＿＿　(5) ＿＿　(6) ＿＿

语法练习　Grammar Exercises

1. 用"一……就……"把下面两个句子合并成一句，然后朗读。Combine each pair of sentences into one using "一……就……" and then read the new sentences aloud.

(1) Tā huí jiā le.
　　他 回 家 了。

　　Tā dǎkāi diànshìjī.
　　他 打开 电视机。

　　→ ＿＿＿＿＿＿＿＿＿＿＿＿＿＿＿＿＿＿＿＿

(2) Lǎoshī shuō wǒ tōngguòle kǎoshì.
　　老师 说 我 通过了 考试。

　　Wǒ gāoxìng de tiàole qǐlai.
　　我 高兴 地 跳了 起来。

　　→ ＿＿＿＿＿＿＿＿＿＿＿＿＿＿＿＿＿＿＿＿

(3) Zuótiān wǎnshang tíng diàn le.
　　昨天 晚上 停 电 了。

　　Gébì de xiǎo nǚháir gěi wǒ sònglaile làzhú.
　　隔壁 的 小 女孩儿 给 我 送来了 蜡烛。

　　→ ＿＿＿＿＿＿＿＿＿＿＿＿＿＿＿＿＿＿＿＿

(4) 音乐响起来。
Yīnyuè xiǎng qǐlái.

我想跳舞。
Wǒ xiǎng tiào wǔ.

→ _____

(5) 我知道会议的时间。
Wǒ zhīdào huìyì de shíjiān.

我打电话告诉你。
Wǒ dǎ diànhuà gàosu nǐ.

→ _____

(6) 我发现手机落在商店了。
Wǒ fāxiàn shǒujī là zài shāngdiàn le.

我赶紧给店主打电话。
Wǒ gǎnjǐn gěi diànzhǔ dǎ diànhuà.

→ _____

2. **根据提示词语完成句子，然后朗读。** Complete the sentences based on the hints given and then read the sentences aloud.

(1) 他住了一个月院，_____（终于，好）。
Tā zhùle yí ge yuè yuàn, zhōngyú, hǎo

(2) 这篇文章我读了三遍，_____（终于，明白）。
Zhè piān wénzhāng wǒ dúle sān biàn, zhōngyú, míngbai

(3) 我喊了他好几次，_____（终于，醒）。
Wǒ hǎnle tā hǎojǐ cì, zhōngyú, xǐng

(4) 他们生了好几天的气，_____（终于，和好）。
Tāmen shēngle hǎojǐ tiān de qì, zhōngyú, héhǎo

(5) 袁隆平几十年如一日地培育杂交水稻，_____
Yuán Lóngpíng jǐshí nián rú yí rì de péiyù zájiāo shuǐdào,

（终于，提高亩产量）。
zhōngyú, tígāo mǔ chǎnliàng

(6) 这几年他一直在寻找他的兄弟，现在_____
Zhè jǐ nián tā yìzhí zài xúnzhǎo tā de xiōngdi, xiànzài

（终于，找到）
zhōngyú, zhǎodào

3. **用"一……就……"和"终于"改写下列句子，然后朗读。** Rewrite the following sentences using "一……就……" and "终于" and then read the sentences aloud.

(1) 我回家以后马上开始打扫房间，现在才打扫完。
Wǒ huí jiā yǐhòu mǎshàng kāishǐ dǎsǎo fángjiān, xiànzài cái dǎsǎo wán.

→ _____

(2) 我进屋以后立刻翻箱倒柜地找扇子，现在才找到。
Wǒ jìn wū yǐhòu lìkè fānxiāngdǎoguì de zhǎo shànzi, xiànzài cái zhǎodào.

→ _____

(3) 他上班以后就开始写报告，中午才写完。
Tā shàng bān yǐhòu jiù kāishǐ xiě bàogào, zhōngwǔ cái xiěwán.

→ _____

(4) Wáng shīfu jìn wū yǐhòu jiù bāng wǒ nòng wǎngluò, yí ge xiǎoshí yǐhòu cái nònghǎo.
王 师傅 进屋 以后 就 帮 我 弄 网络，一个 小时 以后 才 弄好。
→ _____

(5) Zhèxiē nián, wǒmen dào chūntiān jiù kāishǐ zhòng shù, xiànzài huánjìng biànhǎo le.
这些 年，我们 到 春天 就 开始 种 树，现在 环境 变好 了。
→ _____

(6) Zhōumò rén duō, wǒmen jìn fànguǎnr yǐhòu kāishǐ diǎn cài, fēnzhōng hòu cài cái shànglai.
周末 人 多，我们 进 饭馆儿 以后 开始 点 菜，40 分钟 后 菜 才 上来。
→ _____

三 听力练习 Listening Exercises

1. 听录音，判断正误。 Listen to the recording and decide whether the following statements are true or false.

14-1

(1) Wǒ huì chàng hǎojǐ shǒu zhōngguógē.
我 会 唱 好几 首 中国歌。 （ ）

(2) Wǒ yào qù zuò dìtiě.
我 要 去 坐 地铁。 （ ）

2. 听短对话，选择正确答案。 Listen to the short dialogues and choose the right answers.

14-2

(1) a. wǒmen hěn xǐhuan chàng gē
　　我们 很 喜欢 唱 歌

　　b. wǒmen cháng gēn Wáng jiàoshòu yìqǐ chàng gē
　　我们 常 跟 王 教授 一起 唱 歌

　　c. Wáng jiàoshòu gēn wǒmen qù chàng gē, wǒmen hěn gāoxìng
　　王 教授 跟 我们 去 唱 歌，我们 很 高兴

(2) a. qù yóujú　　　b. qù qiánbian de lùkǒu　　　c. guò mǎlù
　　去 邮局　　　　去 前边 的 路口　　　　　　过 马路

四 汉字练习 Exercises on Chinese Characters

1. 用下列汉字组词。 Make words using the following characters.

后：_____、_____、_____、_____

明：_____、_____、_____、_____

2. 听写句子。 Write down the sentences you hear.

14-3

(1) _____

(2) _____

五 交际练习 Communicative Exercise

根据提示词语完成对话。 Complete the dialogues based on the hints given.

(1) A：你在_____（翻箱倒柜）？

B：明天我要出差，你看见我的护照没有？

A：没看见。你是不是_____？

B：太好了，在这儿，_____（终于）。

A：你看你把_____（乱七八糟）。

B：我太着急了，_____（一……就……），我现在_____（收拾）吧。

(2) A：演唱会_____（终于）。

B：什么意思？你不喜欢吗？

A：你觉得_____？

B：当然好！你看，她_____（上台, 鼓掌）。

A：可是她_____（唱歌），我_____（头疼）。

B：一点儿都不懂艺术，下次不跟你一起来了。

六 语篇练习 Textual Exercise

1. 把下列选项按照合适的顺序排序，然后朗读。 Put the following items in order and then read the paragraph aloud.

a. 小明想一毕业就结婚

b. 结婚以前他们常常吵架

c. 小明和女朋友终于结婚了

d. 可是女朋友却想工作几年以后再结婚

e. 原来是他们两个人的意见不一样

_____

2. 说说自己最忙的一天，并完成下面这段话。 Talk about your busiest day and complete the following paragraph.

_____是我最忙的一天。那天早上，我一起床就_____。到了中午，一吃完午饭就_____。吃完晚饭以后，我终于把_____做完了。晚上，_____。到了晚上_____点，我终于可以睡觉了。

Lesson 15

Yì fēng bèi tuì huílai de xìn
一封被退回来的信
A returned mail

一 词汇练习 Vocabulary Exercises

1. 给下列词语分类。Categorize the following words/phrases.

   > sòng xìn xiě dìzhǐ hé yóuzhèng biānmǎ xiě xìn tiē yóupiào shōu xìn tuì xìn
   > a. 送信 b. 写地址和邮政编码 c. 写信 d. 贴邮票 e. 收信 f. 退信

   Xiě xìn rén yào zuò de shì:
   (1) 写信人要做的事：_____

   Yóudìyuán yào zuò de shì:
   (2) 邮递员要做的事：_____

   Shōu xìn rén yào zuò de shì:
   (3) 收信人要做的事：_____

2. 选词填空并朗读。Choose a word to fill in each blank and then read the sentences aloud.

   > zǐzǐxìxì   zǐxì
   > a. 仔仔细细   b. 仔细

   Wǒ hěn ___ de jiǎnchále yí biàn dìzhǐ, méi fāxiàn wèntí.
   (1) 我很_____地检查了一遍地址，没发现问题。

   Wǒ bǎ zuòyè ___ de jiǎnchále yí biàn, méi fāxiàn cuò zì.
   (2) 我把作业_____地检查了一遍，没发现错字。

   > tiánxiě   xiě
   > a. 填写   b. 写

   Bú huì ___ Hànzì de shíhou bié zháojí, duō xiǎngxiang.
   (3) 不会_____汉字的时候别着急，多想想。

   Xiǎng cānjiā bǐsài de tóngxué qǐng xiān ___ bàomíngbiǎo.
   (4) 想参加比赛的同学请先_____报名表。

   > tuì   huán
   > a. 退   b. 还

   Zài zhège shāngdiàn mǎile dōngxi, bù xǐhuan dehuà kěyǐ ___.
   (5) 在这个商店买了东西，不喜欢的话可以_____。

   Wǒ jiègěi Ālǐ de shū, tā xiànzài hái méi ___ wǒ.
   (6) 我借给阿里的书，他现在还没_____我。

3. 选词填空并朗读。Choose a word to fill in each blank and then read the sentences aloud.

   > dǎoyóu   hángbān   yàngshì   yìnxiàng   cūxīn   rùkǒu
   > a. 导游   b. 航班   c. 样式   d. 印象   e. 粗心   f. 入口

   Chāoshì ___ zài nàbian, qǐng nín cóng nàbian jìnqu.
   (1) 超市_____在那边，请您从那边进去。

(2) 当_____虽然很辛苦，却很有意思。

(3) 第一次来西安，我对这个城市的_____非常好。

(4) 考试的时候我太_____了，写错了好几个字。

(5) 这种_____的包现在已经不流行了。

(6) 告诉我你的_____号，我去接你。

4. 写出反义词。 Write down the antonyms of the following words.

近——_____   多——_____   安静——_____

仔细——_____   入口——_____   外面——_____

语法练习　Grammar Exercises

1. 用下列词语组句，然后朗读。 Make sentences using the following words/phrases and then read the sentences aloud.

(1) 100块钱　竟然　这儿的　一杯　要　咖啡

→ _____

(2) 地震中　这个　十几个人　救出了　这次　竟然　小男孩儿

→ _____

(3) 去过　从来没　刘大双　竟然　长城

→ _____

(4) 比赛　第一次　跑了　他　参加　竟然　第一名

→ _____

(5) 免费　竟然　上网　这么大的　不能　宾馆

→ _____

(6) 听说过　姚明　没　竟然　你

→ _____

2. 朗读下列句子，然后根据"怎么"的意思把句子分成三类。 Read the following sentences aloud and then put the sentences into three categories based on the meaning of "怎么".

(1) 咱们怎么去超市？坐车去还是走路去？

(2) 怎么才能写好汉字？你知道吗？
Zěnme cái néng xiěhǎo Hànzì? Nǐ zhīdào ma?

(3) 本杰明怎么还没来？
Běnjiémíng zěnme hái méi lái?

(4) 你今天怎么了？不舒服吗？
Nǐ jīntiān zěnme le? Bù shūfu ma?

(5) 你丈夫最近怎么总是很晚才回家？
Nǐ zhàngfu zuìjìn zěnme zǒngshì hěn wǎn cái huí jiā?

(6) 他一直不说话，到底怎么了？
Tā yìzhí bù shuō huà, dàodǐ zěnme le?

A. Asking about the reason: _____

B. Asking about the method: _____

C. Asking about the situation: _____

3. 根据提示词语完成句子，然后朗读。Complete the sentences based on the hints given and then read the sentences aloud.

(1) 你的感冒刚好，_____（怎么，病）？
Nǐ de gǎnmào gāng hǎo, (zěnme, bìng)

(2) 考试的时候，安妮_____（竟然，忘写名字）。
Kǎoshì de shíhou, Ānni (jìngrán, wàng xiě míngzi)

(3) 这么晚了，你_____（怎么，起床）？
Zhème wǎn le, nǐ (zěnme, qǐ chuáng)

(4) 水星表面温差_____（600摄氏度，竟然）。
Shuǐxīng biǎomiàn wēnchā (shèshìdù, jìngrán)

(5) 病得这么厉害，你_____（不吃药，怎么）？
Bìng de zhème lìhai, nǐ (bù chī yào, zěnme)

(6) 我对这个地方_____（竟然，没有印象）。
Wǒ duì zhège dìfang (jìngrán, méiyǒu yìnxiàng)

三 听力练习 Listening Exercises

1. 听录音，判断正误。Listen to the recording and decide whether the following statements are true or false.

15-1

(1) 张教授睡了两天觉。　　　　　　　　　(　　)
Zhāng jiàoshòu shuìle liǎng tiān jiào.

(2) "我"不知道为什么信被退回来。　　　　(　　)
"Wǒ" bù zhīdào wèi shénme xìn bèi tuì huílai.

2. 听短对话，选择正确答案。Listen to the short dialogues and choose the right answers.

15-2

(1) a. 男的不高兴了　　b. 男的没给她买礼物　　c. 男的忘了她的生日
　　nán de bù gāoxìng le　　nán de méi gěi tā mǎi lǐwù　　nán de wàngle tā de shēngrì

(2) a. 路上车很多　　b. 男的走得很慢　　c. 男的的车坏了
　　lùshang chē hěn duō　　nán de zǒu de hěn màn　　nán de de chē huài le

四 汉字练习 Exercises on Chinese Characters

1. 根据拼音写出正确的汉字，然后朗读。Write characters based on *pinyin*, and then read the sentences aloud.

   (1) 那个_____(shòu)欢迎的足球运动员经常_____(shōu)到很多球迷（qiúmí, football fans）的信。

   (2) 请你再写一_____(biàn)你的邮政_____(biān)码。

2. 听写句子。Write down the sentences you hear.

   (1) _____

   (2) _____

五 交际练习 Communicative Exercise

根据提示词语完成对话。Complete the dialogues based on the hints given.

(1) A：对不起，我_____(Duìbuqǐ, wǒ)。

　　B：现在已经_____(Xiànzài yǐjīng)了，你_____(le, nǐ)（怎么）(zěnme)？

　　A：我 出来 的 时候，_____(Wǒ chūlai de shíhou,)。

　　B：电影 已经_____(Diànyǐng yǐjīng)，快点儿进去吧。(kuài diǎnr jìnqu ba.)

　　A：看完 电影 我_____(Kànwán diànyǐng wǒ)。

　　B：好。(Hǎo.)

(2) A：今天 是_____(Jīntiān shì)？

　　B：_____月_____号啊。怎么了？(yuè hào a. Zěnme le?)

　　A：今天 是_____(Jīntiān shì)（生日）(shēngrì)。

　　B：对不起，我_____(Duìbuqǐ, wǒ)。

　　A：你_____(Nǐ)（竟然）(jìngrán)！

　　B：我 现在_____(Wǒ xiànzài)（礼物）(lǐwù)。

75

六 语篇练习 Textual Exercise

1. 把下列选项按照合适的顺序排列起来，然后朗读。Put the following items in order and then read the paragraph aloud.

   a. wǒ zhǐ néng zhànzhe, bù néng dòng
我只能站着，不能动

   b. wǒ hěn hàipà, xīn xiǎng: "Wǒ zěnme bù néng dòng le?"
我很害怕，心想："我怎么不能动了？"

   c. zǎoshang qǐ chuáng de shíhou, wǒ fāxiàn zìjǐ jìngrán biànchéngle yì kē shù
早上起床的时候，我发现自己竟然变成了一棵树

   d. wǒ zhèng dān xīn de shíhou, māma bǎ wǒ jiàoxǐng le
我正担心的时候，妈妈把我叫醒了

   e. yuánlái shì wǒ zuòle yí ge mèng
原来是我做了一个梦

   _____

2. 看图，说说阿里的妈妈什么时候会唠叨、怎么唠叨，并结合自己的实际情况完成下面这段话，注意用上"怎么"。Look at the pictures and talk about when and how Ali's mother nags at him and complete the following paragraph based on your own situations. Remember to use "怎么".

早上该起床的时候，阿里的妈妈会说：_____？

阿里_____的时候，妈妈会说：_____

_____？阿里_____的时候，妈妈会说：_____

_____？_____的时候，妈妈会说：_____

_____？我的_____跟阿里的妈妈_____

____，_____的时候，他/她会说：_____

_____？

Lesson 16

Qìchē de yánsè hé ānquán
汽车的颜色和安全
Car color and safety

一 词汇练习 Vocabulary Exercises

1. 选词填空并朗读。 Choose a word to fill in each blank and then read the sentences aloud.

liánghǎo	guānxi	yǔ tiān	róngyì	xíng chē	kuān
a. 良好	b. 关系	c. 雨天	d. 容易	e. 行车	f. 宽

　　　　　　ānquán, zuì zhòngyào de shì kāi chē xíguàn.
(1) _____ 安全，最 重要 的是 开 车 习惯。

　　Yǔ tíngle zài chūfā ba,　　kāi chē bú tài ānquán.
(2) 雨 停了 再 出发 吧，_____ 开 车 不 太 安全。

　　Duì wǒ lái shuō, wǒ gèng xǐhuan　　yìdiǎnr de chuáng.
(3) 对 我 来 说，我 更 喜欢 _____ 一点儿 的 床。

　　Tāmen liǎ zhǎng de hěn xiàng, rénmen hěn　　bǎ tāmen jiàocuò.
(4) 他们 俩 长 得 很 像，人们 很 _____ 把他们 叫错。

　　Nǐ juéde xìngfú hé qián yǒu　　ma?
(5) 你 觉得 幸福 和 钱 有 _____ 吗?

　　Wǒmen yào péiyǎng háizi　　de shēnghuó xíguàn.
(6) 我们 要 培养 孩子 _____ 的 生活 习惯。

2. 写出你知道的颜色词，越多越好。 Write down the color words you know. The more, the better.

深颜色：_____、_____、_____、_____

浅颜色：_____、_____、_____、_____

3. 连线并朗读。 Match and read aloud.

污染　　看　　缺少　　发生　　引起　　接近

演出　　粮食　　注意　　一亿　　事故　　环境

4. 根据图片选择相应的词语。 Choose the right word for each picture.

a. 傍晚　　b. 雨天　　c. 事故　　d. 心脏　　e. 大自然　　f. 道路

(1) ____　(2) ____　(3) ____　(4) ____　(5) ____　(6) ____

77

二 语法练习 Grammar Exercises

1. 用下列词语组句，然后朗读。Make sentences using the following words/phrases and then read the sentences aloud.

   (1) 喜欢　我　尤其是　喝饮料　很　可乐
   → _____

   (2) 项链　银色的　很漂亮　这些　都　尤其是　这条
   → _____

   (3) 很热闹　市中心　尤其是　这个城市　晚上
   → _____

   (4) 很简单　尤其是　这次　口语　考试
   → _____

   (5) 我　对　印象　安妮　他们的　尤其是　都很好
   → _____

   (6) 塑料袋　污染　都会　这些东西　尤其是　环境
   → _____

2. 根据提示词语完成句子，然后朗读。Complete the sentences based on the hints given and then read the sentences aloud.

   (1) 他不是去看电影了，_____
   （不是……而是……，讲座）。

   (2) 信封上贴的不是邮票，_____
   （不是……而是……，照片）。

   (3) 他点蜡烛不是因为停电了，_____
   （不是……而是……，浪漫）。

   (4) 我想要看的不是城市的美，_____
   （不是……而是……，大自然）。

   (5) 他不是去旅游了，_____（出差）。

   (6) 敲门的不是我妈妈，_____
   （不是……而是……，隔壁）。

3. 根据提示词语，用"不是……而是……"和"尤其"写句子，然后朗读。Write sentences using "不是……而是……" and "尤其" based on the hints given and then read the sentences aloud.

(1) 他的爱好　　弹钢琴　　听歌　　中国歌
　　→ _____

(2) 他来中国　　为了旅游　　为了学汉语　　学汉字
　　→ _____

(3) 我缺少的　　钱　　家人的理解　　妈妈对我的理解
　　→ _____

(4) 我　太困了　不喜欢看电影　功夫电影
　　→ _____

(5) 我喜欢的　深颜色　浅颜色　白色
　　→ _____

(6) 袁隆平研究的　环境问题　粮食问题　怎么培育杂交水稻
　　→ _____

三　听力练习　Listening Exercises

1. 听录音，判断正误。Listen to the recording and decide whether the following statements are true or false. (16-1)

(1) 张方方很喜欢看电视剧。　　　　　　　　　　（　）

(2) 大卫把收信人的地址写到寄信人的地方了。　　（　）

2. 听短对话，选择正确答案。Listen to the short dialogues and choose the right answers. (16-2)

(1) a. 她弄坏了杯子　　b. 她的杯子被弄坏了　　c. 小双的态度不好

(2) a. 大双　　　　　　b. 安妮　　　　　　　　c. 大卫

四　汉字练习　Exercises on Chinese Characters

1. 用下列汉字组词。Make words using the following characters.

起：_____、_____、_____、_____

出：_____、_____、_____、_____

2. 听写句子。 Write down the sentences you hear.

(1) _____

(2) _____

五 交际练习 Communicative Exercise

询问你的同学或朋友下列问题，用"不是……而是……"或"尤其"回答。Ask a classmate or friend the following questions and "不是……而是……" or "尤其" should be used in the answers.

(1) Duì nǐ lái shuō, shénme shì xìngfú?
对你来说，什么是幸福？

→ _____

(2) Nǐ xuéxí Hànyǔ de yuányīn shì shénme?
你学习汉语的原因是什么？

→ _____

(3) Nǐ rènwéi chūqu lǚyóu, zuì zhòngyào de shì shénme?
你认为出去旅游，最重要的是什么？

→ _____

(4) Nǐ xiǎng qù nǎxiē dìfang lǚyóu?
你想去哪些地方旅游？

→ _____

(5) Nǐ xǐhuan kàn diànyǐng ma?
你喜欢看电影吗？

→ _____

(6) Nǐ xǐhuan yùndòng ma?
你喜欢运动吗？

→ _____

六 语篇练习 Textual Exercise

1. 把下列选项按照合适的顺序排列起来，然后朗读。Put the following items in order and then read the paragraph aloud.

 tā gǎndào hěn bù hǎoyìsi
a. 她感到很不好意思

 niánqīng nǚrén kāi mén zhī hòu fāxiàn
b. 年轻女人开门之后发现

 ér shì gěi tā sòng làzhú de
c. 而是给她送蜡烛的

d. 尤其是 想到 自己 刚才 冷冰冰 的 态度

e. 小女孩儿 不是 来 借 蜡烛 的

_____

2. 根据提示词语完成下面这段话。 Complete the following paragraph based on the hints given.

昨天 我 一 回 家，就 看见 _____（乱七八糟），我 以为 是 _____（小偷）。我 正 要 _____（警察），走进 屋里 才 发现，原来 不 是 _____，而是 _____（丈夫）。我 埋怨 他 总是 _____，尤其 是 _____（找 东西）。

Lesson 17

Míngtiān bié lái le
明天别来了
Don't come tomorrow

一 词汇练习 Vocabulary Exercises

1. 根据图片选择相应的词语。 Choose the right word for each picture.

a. 老板　　b. 工厂　　c. 工资　　d. 一元钱　　e. 工人　　f. 严肃

(1) _____　(2) _____　(3) _____　(4) _____　(5) _____　(6) _____

2. 选词填空并朗读。 Choose a word to fill in each blank and then read the sentences aloud.

(1) Gāngcái ____ dǎo xiāngzi de nàge gōngrén, zhèng ____ zài mén shang dǎ diànhuà.
刚才_____倒箱子的那个工人，正_____在门上打电话。（a. 靠　b. 碰）

(2) Yǒu bú huì xiě de Hànzì jiù ____ zìdiǎn, xiěwánle hái yào ____ yí biàn.
有不会写的汉字就_____字典，写完了还要_____一遍。（a. 检查　b. 查）

(3) Zhè ____ wǒ děi jiā bān, zánmen xià ge ____ yī jiàn miàn ba.
这_____我得加班，咱们下个_____一见面吧。（a. 周　b. 星期）

(4) Wáng jīnglǐ ____ de shuō: "Zhège wèntí hěn ____ !"
王经理_____地说："这个问题很_____！"（a. 严肃　b. 严重）

(5) Guò mǎlù de shíhou yéye zǒngshì ____ de, hái zǒngshì duì wǒ shuō: "____ chē!"
过马路的时候爷爷总是_____的，还总是对我说："_____车！"
（a. 小心　b. 小心翼翼）

(6) Nà zhī māo hěn ____, tā zǒngshì ____ de tǎng zài shāfā shang kàn diànshì.
那只猫很_____，它总是_____地躺在沙发上看电视。（a. 懒洋洋　b. 懒）

3. 连线并朗读。 Match and read aloud.

　　　　　　　　　　实验

(1) 完成　　　　　　邀请

(2) 接受　　　　　　情况

(3) 收到　　　　　　任务

(4) 了解　　　　　　现实

　　　　　　　　　　工作

4. 根据要求填空。Fill in the blanks according to the instructions.

(1) Write the antonyms.

关灯——_____   不满——_____   接受——_____

(2) Write the synonyms.

愉快——_____   挣钱——_____   难过——_____

二 语法练习 Grammar Exercises

1. 把"地"填到句中合适的位置，然后朗读。Choose the right positions for "地" and then read the sentences aloud.

   Yùndòngyuánmen jǐnzhāng kāishǐ le dì-yī chǎng bǐsài.
   (1) 运动员们 紧张 __a__ 开始 __b__ 了第一 场 __c__ 比赛。

   Wǒ qīngchu jìde tā shì sān nián qián lái Běijīng de.
   (2) 我 __a__ 清楚 __b__ 记得他是 __c__ 三 年 前 来 北京 的。

   Nàge fúwùyuán kànzhe wǒ, lěngbīngbīng shuō: "Miànbāo màiwán le."
   (3) 那个 服务员 __a__ 看着 __b__ 我，冷冰冰 __c__ 说："面包 卖完 了。"

   Wǒ zǐzǐxìxì bǎ wénzhāng yòu jiǎnchá le yí biàn.
   (4) 我 仔仔细细 __a__ 把 文章 又 __b__ 检查 __c__ 了一遍。

   Bié liáo le, kuài diǎnr ānjìng bǎ fàn chīwán.
   (5) 别 聊 了，快 点儿 __a__ 安静 __b__ 把 __c__ 饭 吃完。

   Jǐ wèi kēxuéjiā chénggōng wánchéng le nàge shíyàn.
   (6) 几位 科学家 成功 __a__ 完成 __b__ 了那个 __c__ 实验。

2. 用"别 + v. + 了"完成下列句子，然后朗读。Complete the following sentences using "别 + v. + 了" and then read the sentences aloud.

   Wàibian zhèng guāzhe dà fēng, nǐ
   (1) 外边 正 刮着 大 风，你_____。

   nà liàng chē yǐjīng kāizǒu le.
   (2) _____，那 辆 车 已经 开走 了。

   Duìbuqǐ, wǒ cuò le, nǐ
   (3) 对不起，我 错 了，你_____。

   wǒ bù xiǎng tīng!
   (4) _____，我 不 想 听！

   Yǐjīng shí'èr diǎn le, gǎnkuài qù shuì jiào ba.
   (5) 已经 十二 点 了，_____，赶快 去 睡 觉 吧。

   Nǐ tā yǐjīng dǎlai diànhuà shuō kuài dào jiā le.
   (6) 你_____，他已经 打来 电话 说 快 到 家 了。

3. 用下列词语组句，然后朗读。Make sentences using the following words/phrases and then read the sentences aloud.

   tā le bié zánmen děng
   (1) 他   了   别   咱们   等

   → _____

(2)
```
yīfu    zánmen   nàme duō   dài   bié   le
衣服    咱们     那么 多    带    别    了
```
→ _____

(3)
```
wǒ   le   qǐng   bié   nǐ   gēnzhe
我   了   请     别    你   跟着
```
→ _____

(4)
```
Ālǐ    ba    de    zìxìn   shuō   fàng xīn
阿里   吧    地    自信    说     放 心
```
→ _____

(5)
```
xiào   Běnjiémíng   le   déyì   de
笑     本杰明       了   得意   地
```
→ _____

(6)
```
dì shang   de   nàge háizi   cóng   pá qilai   mànmàn   le
地 上      地   那个 孩子    从     爬 起来    慢慢     了
```
→ _____

三 听力练习 Listening Exercises

17-1 1. 听录音，判断正误。Listen to the recording and decide whether the following statements are true or false.

(1) Fāngfāng xiǎng ràng wǒ yìngpìn gōngchǎng de gōngzuò.
方方 想 让 我 应聘 工厂 的 工作。   (   )

(2) Ālǐ Hànyǔ shuō de hěn liúlì.
阿里 汉语 说 得 很 流利。   (   )

17-2 2. 听短对话，选择正确答案。Listen to the short dialogues and choose the right answers.

(1) a. shàngwánle shùxuékè   b. jiějuéle yí ge nán tí   c. bāngzhùle xuésheng
    上完了 数学课   解决了 一个 难题   帮助了 学生

(2) a. bié hē jiǔ   b. bié huí jiā   c. bié kāi chē
    别 喝 酒   别 回 家   别 开 车

四 汉字练习 Exercises on Chinese Characters

1. 辨认汉字，选择正确的汉字填空，然后朗读。Distinguish the characters, choose the right character to fill in each blank, and then read the sentences aloud.

(1) Xiǎo Liú shì zhège qìchē ___ de ___ bōyuán.
    小 刘 是 这个 汽车 _____ 的 _____ 播员。（广，厂）

(2) Kuài bǎ shǒujī ___ qilai, ___ chá yíxià.
    快 把 手机 _____ 起来，_____ 查 一下。（检，捡）

2. 听写句子。Write down the sentences you hear.

(1) _____

(2) _____

五 交际练习 Communicative Exercise

根据提示词语完成对话。 Complete the dialogues based on the hints given.

(1) A：咱们出去_____（踢球）吧。

    B：外边那么热，_____（别）。

    A：那就去_____。

    B：游泳那么累，_____（别）。

    A：那在屋里_____，怎么样？

    B：_____。

(2) A：张秘书，邀请信送到了吗？

    B：_____。

    A：会议内容（content）刘先生已经知道了吧？

    B：我_____（地）了一下会议内容。

    A：刘先生同意参加这次会议吗？

    B：他_____（地）接受_____。

六 语篇练习 Textual Exercise

1. 把下列选项按照合适的顺序排列起来，然后朗读。Put the following items in order and then read the paragraph aloud.

a. 就看见林木

b. 懒洋洋地坐在椅子上

c. 我一打开房间的门

d. 喝着茶，舒服地看着报纸

_____

2. 选词填空，并根据上下文完成句子，然后朗读。Choose a word to fill in each blank and then read the sentences aloud.

> a. 担心（dān xīn）　b. 严肃（yánsù）　c. 生气（shēng qì）　d. 高兴（gāoxìng）　e. 仔细（zǐxì）　f. 认真（rènzhēn）

我有一个好朋友，他对我就像家人一样。外边下大雨时，他会_____地说："别_____。"我不想起床的时候，他会_____地说："快点儿起来！"我听着音乐写作业的时候，他会_____地说：_____。我打着电话开车时，他会_____地说：_____。他让我上课时_____听讲，考试时_____检查。我考试得第一时，他会_____说：_____。

Lesson 18

Gǒubùlǐ

狗不理

Goubuli, Go Believe

一 词汇练习 Vocabulary Exercises

1. **选词填空并朗读。** Choose a word to fill in each blank and then read the sentences aloud.

diàn	yǐjīng	xiǎomíng	zhǐhǎo	qián shù	jiàozuò
a. 店	b. 已经	c. 小名	d. 只好	e. 钱 数	f. 叫作

   (1) Fúwùyuán, nǐ gěi wǒmen de _____ bú duì, shǎo gěile yí kuài.
   服务员，你给我们的_____不对，少给了一块。

   (2) Jīntiān de gōngzuò méi zuòwán, tā _____ jiā bān jìxù zuò.
   今天的工作没做完，她_____加班继续做。

   (3) Māma zài jiālǐ jiào nǐ de _____ ma?
   妈妈在家里叫你的_____吗？

   (4) Qiánbian kāile yì jiā kāfēi _____, wǒmen qù zuòzuo ba.
   前边开了一家咖啡_____，我们去坐坐吧。

   (5) Wǒmen bǎ zhè zhǒng biǎoyǎn _____ xiàngsheng.
   我们把这种表演_____相声。

   (6) Wǒ _____ hěn nǔlì le, néng bu néng kǎohǎo, zhǐhǎo tīngtiān-yóumìng le.
   我_____很努力了，能不能考好，只好听天由命了。

2. **选词填空并朗读。** Choose a word to fill in each blank and then read the sentences aloud.

hòulái	zhī hòu
a. 后来	b. 之后

   (1) Ānnà dǎkāi lǐwù _____, gǎndào fēicháng gāoxìng.
   安娜打开礼物_____，感到非常高兴。

   (2) Zhè běn xiǎoshuō hěn shòu huānyíng, _____ bèi gǎibiān chéng le diànshìjù.
   这本小说很受欢迎，_____被改编成了电视剧。

chuánshuō	tīngshuō
a. 传说	b. 听说

   (3) Wǒ _____ nǐ de línjū shì yí ge huàjiā.
   我_____你的邻居是一个画家。

   (4) _____ zhè piàn hǎilǐ zhùzhe sān tiáo dà yú, tāmen wǎnshang huì biànchéng rén.
   _____这片海里住着三条大鱼，它们晚上会变成人。

lǐ	zhùyì
a. 理	b. 注意

   (5) Nà duì fūqī shēng qì le, shéi yě bù _____ shéi.
   那对夫妻生气了，谁也不_____谁。

   (6) Guò mǎlù de shíhou, yào _____ xíngshǐ de chēliàng.
   过马路的时候，要_____行驶的车辆。

3. 连线并朗读。Match and read aloud.

   (1) 调查　　　　　　　顾客

   (2) 推迟　　　　　　　雨天

   (3) 赶上　　　　　　　问题

   (4) 看　　　　　　　　西医

   (5) 开　　　　　　　　运动会

   (6) 邀请　　　　　　　玩笑

4. 根据要求写出词语。Write words according to the instructions.

   (1) Words related to "illness":

   ＿＿＿＿＿＿、＿＿＿＿＿＿、＿＿＿＿＿＿、＿＿＿＿＿＿、＿＿＿＿＿＿

   (2) Words related to "occupations":

   ＿＿＿＿＿＿、＿＿＿＿＿＿、＿＿＿＿＿＿、＿＿＿＿＿＿、＿＿＿＿＿＿

二　语法练习　Grammar Exercises

1. 用"还"完成句子，然后朗读。Complete the sentences using "还" and then read the sentences aloud.

   (1) 他有成功的事业，＿＿＿＿＿＿＿＿＿＿＿＿＿＿＿＿。
   　　Tā yǒu chénggōng de shìyè,

   (2) 今天的菜很丰盛，＿＿＿＿＿＿＿＿＿＿＿＿＿＿＿＿。
   　　Jīntiān de cài hěn fēngshèng,

   (3) 这次旅行他去了很多地方，＿＿＿＿＿＿＿＿＿＿＿＿＿＿＿＿。
   　　Zhè cì lǚxíng tā qùle hěn duō dìfang,

   (4) 她的饭量不大，＿＿＿＿＿＿＿＿＿＿＿＿＿＿＿＿。
   　　Tā de fànliàng bú dà,

   (5) 他长得很帅，＿＿＿＿＿＿＿＿＿＿＿＿＿＿＿＿。
   　　Tā zhǎng de hěn shuài,

   (6) 水星上没有水，＿＿＿＿＿＿＿＿＿＿＿＿＿＿＿＿。
   　　Shuǐxīng shang méiyǒu shuǐ,

2. 用下列词语组句，然后朗读。Make sentences using the following words/phrases and then read the sentences aloud.

   (1) 我写错了　只好　一张　名字　这张报名表　再写
   　　wǒ xiěcuòle　zhǐhǎo　yì zhāng　míngzi　zhè zhāng bàomíngbiǎo　zài xiě

   → ＿＿＿＿＿＿＿＿＿＿＿＿＿＿＿＿＿＿＿＿＿＿＿＿＿＿

   (2) 太难　只好　这种方法　放弃了　我们
   　　tài nán　zhǐhǎo　zhè zhǒng fāngfǎ　fàngqì le　wǒmen

   → ＿＿＿＿＿＿＿＿＿＿＿＿＿＿＿＿＿＿＿＿＿＿＿＿＿＿

(3)
zhǐhǎo　bù néng　wǒmen　fēijī　xiànzài　qǐfēi　yìzhí děng
只好　不能　我们　飞机　现在　起飞　一直 等

→ _____

(4)
wǒmen　zhège dìfang　tài lìhai　bān jiā le　zhǐhǎo　wūrǎn
我们　这个地方　太厉害　搬家了　只好　污染

→ _____

(5)
kāiwán　zhǐhǎo　hángbān　hái méi　huìyì　tuīchí　tā
开完　只好　航班　还没　会议　推迟　他

→ _____

(6)
tài gānzào le　hē shuǐ　zhǐhǎo　zhège dìfang　rénmen　duō
太干燥了　喝水　只好　这个地方　人们　多

→ _____

3. 根据提示词语完成句子，然后朗读。Complete the sentences based on the hints given and then read the sentences aloud.

(1) Jīntiān tiānqì bù hǎo, tā hái _____（病）, zhǐhǎo _____。
   今天 天气不好，他还_____（病），只好_____。

(2) Lín lǜshī bú zài bàngōngshì, wǒ děngle bàntiān tā hái méi huílai, wǒ zhǐhǎo _____。
   林律师不在办公室，我等了半天他还没回来，我只好_____。

(3) Yǐjīng méiyǒu gōnggòng qìchē le, wǒ hái _____（钱）, zhǐhǎo _____。
   已经没有 公共 汽车了，我还_____（钱），只好_____。

(4) Fángjiān li luànqībāzāo, hái _____（碗）, māma zhǐhǎo _____。
   房间里乱七八糟，还_____（碗），妈妈只好_____。

(5) Wàimian xiàzhe yǔ, hái _____（风）, yóudìyuán zhǐhǎo _____。
   外面 下着雨，还_____（风），邮递员只好_____。

(6) Zhège diànshì jiémù hěn nán zuò, guānzhòng _____（喜欢）, dàjiā zhǐhǎo _____。
   这个电视节目很难做，观众_____（喜欢），大家只好_____。

三 听力练习 Listening Exercises

1. 听录音，判断正误。Listen to the recording and decide whether the following statements are true or false.

(18-1)

(1) Zhàngfu cónglái bù xī yān.
   丈夫 从来不吸烟。　　　　　　　　　　　（　）

(2) Wǒ yào xuéhuì zhè shǒu gē.
   我要学会这首歌。　　　　　　　　　　　（　）

2. 听短对话，选择正确答案。Listen to the short dialogues and choose the right answers.

(18-2)

(1) a. liànxí kāi chē　　b. guò mǎlù　　c. qù lǚxíng
    a. 练习开车　　　　b. 过马路　　　c. 去旅行

(2) a. jīn wǎn méiyǒu piào　　b. tā xiǎng míngtiān kàn　　c. tā bù xiǎng qù kàn
    a. 今晚没有票　　　　　　b. 她想 明天看　　　　　　c. 她不想去看

89

四 汉字练习 Exercises on Chinese Characters

1. 组词游戏。Crossword.

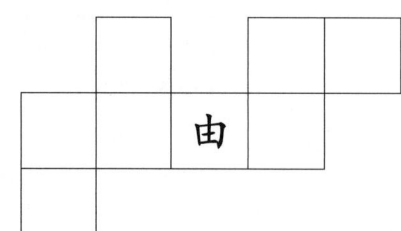

 2. 听写句子。Write down the sentences you hear.

18-3

(1) _____

(2) _____

五 交际练习 Communicative Exercise

询问你的同学或朋友下列问题，用"还"或"只好"回答。 Ask a classmate or friend the following questions and "还" or "只好" should be used in the answers.

    Nǐ xǐhuan kàn shénme yàng de diànshì jiémù?
(1) 你 喜欢 看 什么 样 的 电视 节目？

→ _____

    Nǐ xǐhuan zuò shénme gōngzuò? Wèi shénme?
(2) 你 喜欢 做 什么 工作？为 什么？

→ _____

    Nǐ juéde xìngfú shì shénme?
(3) 你 觉得 幸福 是 什么？

→ _____

    Kǎoshì méi tōngguò, nǐ huì zěnme bàn?
(4) 考试 没 通过，你 会 怎么 办？

→ _____

    Nǐ hé tóngshì yìjiàn bù yíyàng de shíhou, nǐ huì zěnme zuò?
(5) 你 和 同事 意见 不 一样 的 时候，你 会 怎么 做？

→ _____

    Nǐ zuì dǎoméi de shì shì shénme? Fāshēng zhè jiàn shì yǐhòu, nǐ shì zěnme zuò de?
(6) 你 最 倒霉 的 事 是 什么？发生 这 件 事 以后，你 是 怎么 做 的？

→ _____

九 语篇练习 Textual Exercise

1. 把下列选项按照合适的顺序排列起来，然后朗读。Put the following items in order and then read the paragraph aloud.

   a. wǒ zhǐhǎo gěi lǎobǎn dǎ diànhuà qǐng jià le
      我只好给老板打电话请假了

   b. hái juéde hěn lèi
      还觉得很累

   c. zuótiān wǎnshang wǒ méi shuìhǎo
      昨天晚上我没睡好

   d. xiànzài wǒ tóu hěn téng
      现在我头很疼

   _____

2. 根据提示词语完成下面这段话。Complete the following paragraph based on the hints given.

   今年暑假，我打算去杭州旅行。我听说那儿的风景_____，气候_____（还）。杭州菜也很有名，_____（又……又……），还_____（便宜）。可是快放假的时候，老师突然给我一个任务，让我_____（报告），_____（国际会议）。我_____（只好），希望_____。

Lesson 19

Bù gǎn shuō
不敢说
I dare not say

一 词汇练习　Vocabulary Exercises

1. 为下列词语选择合适的搭配。Match the verbs and nouns.

fāyán	qiēchú	kàn	shǒushù	tǐwēn	mángcháng
a. 发炎	b. 切除	c. 看	d. 手术	e. 体温	f. 盲肠

   (1) _____扁桃体　　(2) _____病　　(3) 做_____

   biăntàotǐ　　　　　　　bìng　　　　　　　zuò

   (4) 扁桃体_____　　(5) _____发炎　　(6) 量_____

   biăntàotǐ　　　　　　　fāyán　　　　　　　liáng

2. 选词填空并朗读。Choose a word to fill in each blank and then read the sentences aloud.

rènzhēn	jiànyì	shòu bu liǎo	xiǎo shēng	bù gǎn	qiē
a. 认真	b. 建议	c. 受不了	d. 小声	e. 不敢	f. 切

   Rúguǒ nǐ bù hǎoyìsi, jiù　　　 gàosu wǒ.
   (1) 如果你不好意思，就_____告诉我。

   Kuài guòlai, dàjiā dōu zài děng nǐ　　　 dàngāo.
   (2) 快过来，大家都在等你_____蛋糕。

   Wǒ xiāngxìn tāmen yídìng huì jiēshòu nǐ de　　　.
   (3) 我相信他们一定会接受你的_____。

   Zuòwán zuòyè, yīnggāi　　　 de jiǎnchá yí biàn.
   (4) 做完作业，应该_____地检查一遍。

   Bǎ kōngtiáo dǎkāi ba, wǒ rè de　　　 le.
   (5) 把空调打开吧，我热得_____了。

   Ālǐ xǐhuan Fāngfāng, què　　　 gàosu tā.
   (6) 阿里喜欢方方，却_____告诉她。

3. 连线并朗读。Match and read aloud.

   经验

   问题

   (1) 介绍　　　　方法

   (2) 解释　　　　法律

   (3) 遵守　　　　情况

   时间

92

4. 写出反义词。Write down the antonyms of the following words.

必须——_____   受不了——_____   便宜——_____

复杂——_____   小声——_____   认真——_____

二 语法练习 Grammar Exercises

1. 将下列肯定句变成否定句，否定句变成肯定句，然后朗读。Turn the following affirmative sentences into negative ones and negative sentences into affirmative ones, and then read the sentences aloud.

    Nǐ tài pàng le, bìxū jiǎn féi.
    (1) 你太胖了，必须减肥。

    → _____

    Zhège bìngrén bìng de hěn yánzhòng, bìxū zhù yuàn.
    (2) 这个病人病得很严重，必须住院。

    → _____

    Zhè cì huìyì hěn zhòngyào, nǐ bìxū cānjiā.
    (3) 这次会议很重要，你必须参加。

    → _____

    Jìn wǒ fángjiān de shíhou bú bì qiāo mén.
    (4) 进我房间的时候不必敲门。

    → _____

    Wǒ zìjǐ néng jiějué zhège wèntí, zánmen bú bì jiàn miàn tán.
    (5) 我自己能解决这个问题，咱们不必见面谈。

    → _____

    Wǒ zìjǐ néng jiějué zhè jiàn shì, nǐ bú bì gēn wǒ yìqǐ qù.
    (6) 我自己能解决这件事，你不必跟我一起去。

    → _____

2. 朗读下列句子，然后根据"跟"的意思把句子分成三类。Read the following sentences aloud and then put the sentences into three categories based on the meaning of "跟".

    Nà zhī xiǎo gǒu yìzhí gēnzhe wǒ zǒu.
    (1) 那只小狗一直跟着我走。

    Wǒ gēn dàjiā jièshào yíxià, zhè wèi shì wǒ de zhàngfu.
    (2) 我跟大家介绍一下，这位是我的丈夫。

    Dìdi gēn gēge yíyàng gāo.
    (3) 弟弟跟哥哥一样高。

    Wǒmen gēn nǐmen bù yíyàng, wǒmen bù xíguàn mǎshàng dǎkāi lǐwù.
    (4) 我们跟你们不一样，我们不习惯马上打开礼物。

　　　　　　Bié hàipà, nǐ gēnzhe wǒ guò mǎlù.
(5) 别害怕，你跟着我过马路。

　　　　　　Nǐ shì gēn shéi jiè de qián?
(6) 你是跟谁借的钱？

A. A verb right following an action of the same direction: _____

B. A preposition introducing the object of an action, equivalent to "同"：_____

C. A preposition introducing the object being compared: _____

3. 用下列词语组句，然后朗读。 Make sentences using the following words/phrases and then read the sentences aloud.

　　　bìxū　　nǐ　　qīngchu　　dàjiā　　shuō　　gēn
(1) 必须　你　清楚　大家　说　跟

→ _____

　　　bìxū　　duìbuqǐ　　shuō　　nǐ　　nǐ de péngyou　　gēn
(2) 必须　对不起　说　你　你的朋友　跟

→ _____

　　　dǎ zhāohu　　lǎorén　　háizi　　bìxū　　gēn
(3) 打招呼　老人　孩子　必须　跟

→ _____

　　　zhè jiàn shì　　tā　　shuō　　gēn　　bú bì
(4) 这件事　他　说　跟　不必

→ _____

　　　yuányīn　　jiěshì　　gēn　　wǒ　　bú bì　　nǐ
(5) 原因　解释　跟　我　不必　你

→ _____

　　　qǐng jià　　bú bì　　jīnglǐ　　gēn　　mìshū
(6) 请假　不必　经理　跟　秘书

→ _____

三　听力练习　Listening Exercises

1. 听录音，判断正误。 Listen to the recording and decide whether the following statements are true or false.

19-1

　　　Yīshēng shuō wǒ bìxū duō hē shuǐ, hái děi chī yào.
(1) 医生说我必须多喝水，还得吃药。　　　(　　)

　　　Běnjiémíng xiànzài bù shēng qì le.
(2) 本杰明现在不生气了。　　　　　　　　(　　)

2. 听短对话，选择正确答案。Listen to the short dialogues and choose the right answers.

(1) a. 出门去买　　　b. 去购物中心买　　　c. 在网上买
　　　chū mén qù mǎi　　　qù gòuwù zhōngxīn mǎi　　　zài wǎng shang mǎi

(2) a. 安妮　　　　　b. 方方　　　　　　　c. 大双
　　　Ānni　　　　　Fāngfāng　　　　　　Dàshuāng

四 汉字练习　Exercises on Chinese Characters

1. 根据拼音写出正确的汉字，然后朗读。Write characters based on *pinyin*, and then read the sentences aloud.

(1) 大家的建_____(yì)都很有意_____(yì)，谢谢你们。

(2) 老刘在一家_____(xīn)开的饭馆儿工作，非常_____(xīn)苦。

2. 听写句子。Write down the sentences you hear.

(1) _____

(2) _____

五 交际练习　Communicative Exercise

询问你的同学或朋友下列问题，用"必须"或"跟"回答。Ask a classmate or friend the following questions and "必须" or "跟" should be used in the answers.

(1) 你每天必须要做什么事？
　　Nǐ měi tiān bìxū yào zuò shénme shì?
→ _____

(2) 想减肥成功，必须怎么做？
　　Xiǎng jiǎn féi chénggōng, bìxū zěnme zuò?
→ _____

(3) 你觉得网上购物怎么样？为什么？
　　Nǐ juéde wǎng shang gòuwù zěnmeyàng? Wèi shénme?
→ _____

(4) 遇到高兴的事儿你一般会跟谁说？
　　Yùdào gāoxìng de shìr nǐ yìbān huì gēn shéi shuō?
→ _____

(5) 伤心的时候你会去找谁？
　　Shāngxīn de shíhou nǐ huì qù zhǎo shéi?
→ _____

Jiàndào xīn péngyou nǐ huì zěnme zuò?
(6) 见到 新 朋友 你 会 怎么 做？

→ _____

六 语篇练习 Textual Exercise

1. 把下列选项按照合适的顺序排列起来，然后朗读。Put the following items in order and then read the paragraph aloud.

   xiànzài qǐng tā gēn dàjiā dǎ ge zhāohu, jièshào yíxià zìjǐ
   a. 现在 请 她 跟 大家 打 个 招呼，介绍 一下 自己

   zhè wèi shì zánmen bān xīn lái de tóngxué
   b. 这 位 是 咱们 班 新 来 的 同学

   wǒ xiān gēn dàjiā jièshào yíxià
   c. 我 先 跟 大家 介绍 一下

   tā jiào Zhōu Yuè
   d. 她 叫 周 月

   zhège rén dàjiā kěnéng hái bú rènshi
   e. 这个 人 大家 可能 还 不 认识

   _____

2. 假如你是医院院长，完成下表及下面这段话，注意用上"必须"或"不必"。Suppose you are the head of a hospital. Complete the form and the following paragraph. Remember to use "必须" or "不必".

   1. 上班时间：_____
   2. 穿什么：_____
   3. 工作态度：_____
   4. 游戏：_____

   Yīshēng hé hùshi měi tiān   diǎn dào bàngōngshì, shàng bān shí
   医生 和 护士 每 天 _____ 点 到 办公室，上 班 时 _____

   chuān   xià bān shí   Duì bìngrén shuō huà
   穿 _____，下 班 时 _____。对 病人 说 话

   shí   Shàng bān shí   yóuxì. Měi cì kāi huì, méiyǒu jí shì de
   时 _____。上 班 时 _____ 游戏。每 次 开 会，没有 急 事 的

   yīshēng   yǒu shǒushù de yīshēng   Měi
   医生 _____；有 手术 的 医生 _____。每

   rén měi zhōu   yí cì bàogào, chū chāi de yīshēng hé hùshi
   人 每 周 _____ 一 次 报告，出差 的 医生 和 护士

   _____。

Lesson 20

Shùzì Zhōngguó
数字中国
Numbers in China

一 词汇练习 Vocabulary Exercises

1. 根据图片选择相应的词语。Choose the right word for each picture.

   a. 数字　　b. 陆地　　c. 河　　d. 山峰　　e. 人口　　f. 海洋

   (1) _____　(2) _____　(3) _____　(4) _____　(5) _____　(6) _____

2. 选词填空并朗读。Choose a word to fill in each blank and then read the sentences aloud.

   > dōngbian　　dōngbù
   > a. 东边　　b. 东部

   (1) Nǐ wǎng qián zǒu, yínháng jiù zài yóujú de _____。
   你 往 前 走，银行 就 在 邮局 的 _____。

   (2) Zhōngguó zài Yàzhōu de _____。
   中国 在 亚洲 的 _____。

   > quán guó　　guójiā
   > a. 全国　　b. 国家

   (3) Dàwèi, nǐ qùguo duōshao ge _____?
   大卫，你 去过 多少 个 _____?

   (4) Zhōngguó de Hànzú rénkǒu zhàn _____ zǒng rénkǒu de 90% yǐshàng.
   中国 的 汉族 人口 占 _____ 总 人口 的 90% 以上。

   > yǐshàng　　gèng
   > a. 以上　　b. 更

   (5) Zhège dìfang de fángzū hěn gāo, píngjūn yí ge yuè yào 3000 yuán _____。
   这个 地方 的 房租 很 高，平均 一个 月 要 3000 元 _____。

   (6) Huáng Hé hěn cháng, Cháng Jiāng bǐ Huáng Hé _____ cháng.
   黄 河 很 长，长 江 比 黄 河 _____ 长。

3. 选词填空并朗读。Choose a word to fill in each blank and then read the sentences aloud.

   > cháng　　gāo　　zhī jiān　　hǎiyáng　　zhǐyào　　wǎngmín
   > a. 长　　b. 高　　c. 之间　　d. 海洋　　e. 只要　　f. 网民

   (1) Yǔyán shì guó yǔ guó _____ de yí zuò qiáo.
   语言 是 国 与 国 _____ 的 一 座 桥。

   (2) Zài nǐmen guójiā, dì-yī dà hé yǒu duō _____?
   在 你们 国家，第一 大 河 有 多 _____?

(3) 地球 上，_____ 的 面积 占 总 面积 的 71%。

(4) _____有人 邀请 我 去 参加 聚会，我 就 一定 去。

(5) 我们 国家 年轻 的_____越来越多。

(6) 姚 明 _____2.26 米。

4. 连线并朗读。Match and read aloud.

(1) 计算　　　　　　山峰

(2) 使用　　　　　　网民

(3) 尽　　　　　　百分之一

(4) 占　　　　　　最大的努力

(5) 爬上　　　　　　钱数

(6) 采访　　　　　　语言

二 语法练习　Grammar Exercises

1. 写出下列数字的读法，然后朗读。Write down the pronunciation of each number below and then read the numbers aloud.

(1) 52376000 _____

(2) 985324600 _____

(3) 1265.53 _____

(4) 23% _____

(5) 98.99% _____

(6) 100% _____

2. 看图片，回答问题。Look at the picture and answer the questions.

(1) 水星 距离 太阳 多少 公里？

_____

(2) 金星 距离 太阳 多少 公里？

_____

Dìqiú   jùlí   tàiyang   duōshao   gōnglǐ?　　　　　Mùxīng   jùlí   tàiyang   duōshao   gōnglǐ?
(3) 地球 距离 太阳 多少 公里?　　　　(5) 木星 距离 太阳 多少 公里?

_____　　　　_____

Huǒxīng   jùlí   tàiyang   duōshao   gōnglǐ?　　　　Tǔxīng   jùlí   tàiyang   duōshao   gōnglǐ?
(4) 火星 距离 太阳 多少 公里?　　　　(6) 土星 距离 太阳 多少 公里?

_____　　　　_____

3. 用下列词语组句，然后朗读。Make sentences using the following words/phrases and then read the sentences aloud.

　　　　　　kǎowán　yǐjīng　wénjiàn　le
(1) 50%　拷完　已经　文件　了

→ _____

tóngshì　　de　huí jiā　zuò huǒchē　Chūnjié
(2) 同事　70%的　回家　坐火车　春节

→ _____

zǒng miànjī de　lùdì miànjī　　　zhàn　dìqiú　zhǐ
(3) 总 面积的　陆地 面积　29%　占　地球　只

→ _____

　　　mǔ chǎnliàng　zájiāo shuǐdào de　zēngchǎn　le
(4) 300%　亩 产量　杂交 水稻的　增产　了

→ _____

xuésheng　zhège bān　chū guó　　de　liú xué
(5) 学生　这个班　出国　20%　的　留学

→ _____

guānzhòng　jiémù　bù xǐhuan　　　de　zhège
(6) 观众　节目　不喜欢　60%　的　这个

→ _____

三　听力练习　Listening Exercises

1. 听录音，判断正误。Listen to the recording and decide whether the following statements are true or false.

20-1

Jīnnián niúnǎi de jiàgé jiào dī.
(1) 今年 牛奶 的 价格 较 低。　　　　　　　　（　　）

Zhè jiā gōngsī xiāoshòuyuán yǒu　　duō rén.
(2) 这 家 公司 销售员 有 800 多人。　　　　　（　　）

99

2. 听短对话，选择正确答案。 Listen to the short dialogues and choose the right answers.

(1) a. 女的很喜欢写信　　b. 很多人给女的写信　　c. 女的没有时间写信

(2) a. 女的工资很少　　b. 女的少挣了50%的工资　　c. 女的不喜欢上班

四　汉字练习　Exercises on Chinese Characters

1. 用下列汉字组词。Make words using the following characters.

地：_____、_____、_____、_____

以：_____、_____、_____、_____

2. 听写句子。Write down the sentences you hear.

(1) _____

(2) _____

五　交际练习　Communicative Exercise

询问你的同学或朋友下列问题，并相互交流。Ask a classmate or friend the following questions and exchange answers with each other.

(1) 你住的城市面积有多大？有多少人口？

→ _____

(2) 你住的城市有没有河？河有多长？

→ _____

(3) 你住的城市有没有山？海拔多少米？

→ _____

(4) 在你们班，男生占多少？女生占多少？

→ _____

(5) 在你们班，会说两种语言以上的人占多少？

→ _____

Zài nǐmen bān, yǒu wǎng shang gòuwù jīnglì de rén zhàn duōshao?
(6) 在你们班，有网上购物经历的人占多少？

→ _____

九 语篇练习 Textual Exercise

1. 把下列选项按照合适的顺序排列起来，然后朗读。Put the following items in order and then read the paragraph aloud.

   lùdì   miànjī yuē   wàn píngfāng gōnglǐ
   a. 陆地面积约 30.13 万平方公里

   zǒng rénkǒu dá
   b. 总人口达 61000000

   Yìdàlì zài Ōuzhōu   nánbù
   c. 意大利在欧洲（Europe）南部

   dào   nián
   d. 到 2013 年

   _____

2. 参照表1完成表2，比较安妮和你各项花销及所占比例有多少，完成下面这段话。Complete form 2 following the example of form 1. Compare Annie's monthly expense of each category and its proportion with yours and complete the following paragraph.

安妮	"我"
每个月有：2500 块	每个月有：_____
吃饭：1000 块	吃饭：_____
买衣服：1000 块	买衣服：_____
打电话：200 块	打电话：_____
表1	表2

   Ānni měi ge yuè yǒu   qián; wǒ
   安妮每个月有_____钱；我_____。

   Tā chī fàn yào yòng   qián, zhàn   wǒ   zhàn
   她吃饭要用_____钱，占 40%；我_____，占_____。

   Tā mǎi yīfu yào yòng   qián, zhàn   wǒ
   她买衣服要用_____钱，占_____；我_____，

   zhàn   Tā dǎ diànhuà yào yòng   qián, zhàn   wǒ
   占_____。她打电话要用_____钱，占_____；我_____

                 zhàn
   _____，占_____。

101

录音文本
Listening Scripts

第1课　第一次上路

1.（1）A：你常去哪儿看书？
　　　　B：我常去楼下的书店，那儿既可以看书又可以喝咖啡。

　　　　A：楼下有一家咖啡店，你去过吗？
　　　　B：去过，那儿的咖啡既便宜又好喝，每天都有很多人。

　（2）A：本杰明今天怎么没来上课？
　　　　B：他昨天被车撞了，腿动不了，胳膊也被划破了。

　　　　A：喂，你到哪儿了？
　　　　B：我的车被撞坏了，现在动不了了，你等一会儿吧。

2.（1）这是我第一次参加比赛，既紧张又兴奋。
　　　下面哪个不是"我"现在的心情？

　（2）公共汽车在路上熄火了，我在车上等了一会儿，还是动不了。
　　　这辆公共汽车怎么了？

2.（1）这是我第一次开车上路。
　（2）她既爱听歌又爱唱歌。

第2课　您找我有事儿吗

1.（1）A：喂，你在哪儿呢？我没看见你。
　　　　B：我在电影院门前站着呢，你看见了吗？

　　　　A：周末你常常做什么？
　　　　B：我常常去电影院看看电影或在家听听音乐。

　（2）A：你们怎么吵架了？
　　　　B：我想去海边玩儿，他却想去爬山。

　　　　A：听说你去看了一套海景房，怎么样？
　　　　B：房子在海边，风景很漂亮。

2.（1）望着窗外的风景，他一下子想到了自己的国家。

　（2）安妮对老师笑了笑，说："我以为这次比赛我会输，可是却获奖了。"

2.（1）大家都以为江日新会生气，他却对司机笑了笑。

　（2）他每天都系着领带去上班。

第3课　一片绿叶

1.（1）A：秋天要结束了。
　　　　B：是啊，你看，树叶一片片都落了下来。

　　　　A：你看，大雪一片片落下来，真漂亮！
　　　　B：是啊，我们去外边拍照吧。

　（2）A：你要去借书吗？
　　　　B：对，图书馆来了很多新书，我打算把它们一本本都借回来。

A：你买了什么书？
B：就是这本，我想把里边的好文章一篇篇背下来。

2.（1）比赛快要结束的时候，本杰明踢进了一个球。
本杰明是什么时候进的球？

（2）大双费了九牛二虎之力才把那个老人的房子买下来。
现在这个房子是谁的？

2.（1）有个女孩儿得了重病，但奇迹般地活了下来。

（2）树叶一片片落了下来。

第4课 影子

1.（1）A：刚才我给你打电话，你手机一直占线。
B：对不起，我刚才在给妈妈打电话。

A：明天是周末，你有什么打算？
B：我一直想买一个能上网的手机，所以想去商场逛逛。

（2）A：我现在又热又累。
B：那边凉快，我们过去休息一下吧。

A：你们现在就去吃饭吗？
B：是啊，我们刚上完体育课，现在又累又饿。

2.（1）本杰明，你怎么上课老是迟到？
这句话告诉我们什么？

（2）中学毕业以后，他就去上海做生意了。
他现在可能在做什么？

2.（1）他的身材又高又大。

（2）他一直不知道这件事。

第5课 画像

1.（1）A：我从来没住过这么糟糕的宾馆！
B：是啊，房间又小又脏，还不能看电视。

A：你经常去方方家吗？
B：我以前从来没去过，昨天第一次去，她家虽然有点儿小，但是很干净。

（2）A：你好，我明天中午11点半退房，能为我们订一辆去机场的车吗？
B：没问题，我们会为您订好的。

A：您好，我要买一张今天晚上去北京的机票。
B：对不起，今天的票卖完了，明天的可以吗？

2.（1）结婚前，妈妈为我买了一条珍珠项链，朋友们都说漂亮极了。
这条项链是谁买的？

（2）那位画家画过风景，画过动物，从来没画过人像。
那位画家没画过什么？

2.（1）年轻人请求画家为他画一幅像。

（2）我从来没去过北京，这是第一次。

第6课 想哭就哭吧

1.（1）这个生意太难做了，你想放弃就放弃吧。
关于这个生意，我们知道什么？

（2）他们两个人的意见常常不同，但反而是最好的朋友。
关于他们两个人，我们知道什么？

2.（1）我有这家博物馆的门票，你想去就去吧。

（2）刚才的电影那么无聊，大卫为什么反而笑得那么开心？

2.（1）伤心的时候，想哭就哭吧。

（2）他每天很晚才睡觉，身体反而很健康。

第7课 照片是我照的

1.（1）我们已经开始上课了，本杰明才跑进教室来。
关于本杰明，我们可以知道什么？

（2）房间里坐着三个人，他们在聊天儿。
关于这三个人，我们可以知道什么？

2.（1）邻居的丈夫经常加班，常常很晚才回来，有时候周末也不能休息。

（2）黑板上写着三个句子，老师让我们记下来。

2.（1）我听说有人捡到了那个照相机。

（2）小伙子的手里举着一个牌子。

第8课 采访

1.（1）这个穿黄衣服的小孩儿把红色的太阳画成了绿色的。
这个小孩儿画的太阳是什么颜色的？

（2）大卫听了几场相声以后，觉得很有意思，他跟我说一定要学习说相声。
大卫要做什么？

2.（1）我想把这个小女孩儿的故事改编成电影。

（2）那个人的文章写得非常好，我一定要采访他。

2.（1）电视台把小说改编成了电视剧。

（2）今天我一定要把这本书读完。

第9课 袁隆平

1.（1）小王想了半天也没想出怎么写那个汉字。
关于小王，我们知道什么？

（2）安检员让我把外套脱下来并把手机放在筐里。
"我"现在应该做什么？

2.（1）那个美食家只尝了一口，就说出这个菜是用什么做的了。

（2）大学毕业以后，我要继续留在中国，并在电脑公司当翻译。

2.（1）这种方法是从德国引进的。

（2）科学家几十年如一日地辛苦工作。

第10课 幸福像自助餐

1.（1）意大利队踢得这么差,这不像他们的水平。
意大利队以前踢得怎么样?

（2）根据我对妈妈的了解,她会答应我出国的。
"我"打算做什么?

2.（1）他跟我说话的态度很像我的经理。

（2）那本小说被改编成电影以后,对大家的影响很大。

2.（1）幸福就像自助餐,每个人的盘子里装的却不同。

（2）我对地理不感兴趣。

第11课 水星

1.（1）冬天,北京不算是最冷的地方,莫斯科更冷。

（2）虽然离市中心很远,但这儿离海边很近,所以房价不低。

2.（1）男：这顶帽子是儿子送给你的生日礼物吗?
女：对,它不算是最贵的礼物,但却是最有意义的。
女的觉得这顶帽子怎么样?

（2）男：天气那么热,咱们打车吧。
女：博物馆离这儿不远,过了商场就到了,咱们走过去吧。
女的为什么不想打车?

2.（1）水星离太阳最近。

（2）她还不算是真正的"中国通"。

第12课 送蜡烛

1.（1）他这几天都很高兴,原来是实验成功了。

（2）每天睡觉以前,她都给女儿讲一个故事。

2.（1）男：怪不得方方不想去旅行,原来她对西班牙不感兴趣。
女：那咱们两个人去吧。
方方为什么不去西班牙旅行?

（2）女：小明,你作业写完了吗?开电脑做什么?
男：写完了,同学给我拷了个电影,我想看看。
小明要做什么?

2.（1）小女孩儿给她送来了蜡烛。

（2）怪不得大家都走着上楼,原来电梯坏了。

第13课 卖扇子

1.（1）电视上说今天有雨,下午果然下了起来。

（2）我买完东西往外走的时候,一个小伙子追上来,问我是不是把钱包落在商店里了。

2.（1）男：听说老王每个星期六都到集市上去。
女：是啊,他去集市卖水果。他种的水果又大又甜,大家都

105

抢着买。
老王去集市做什么?

(2)男:这儿的车真多!
女:是啊,人们的生活水平提高了,车就多起来了。
这儿的车为什么多起来了?

2.(1)他刚走,人们立刻围了上来。
(2)小男孩儿打开书,读起课文来。

第14课 找声音

1.(1)来中国之后,我每天都学唱中国歌,现在我终于能唱几首了。
(2)一出地铁站,就下起雨来了,我没带伞,赶紧跑回地铁站。

2.(1)男:昨天王教授一说可以跟我们一起去唱歌,我们就高兴地鼓起掌来。
女:太好了,我们终于能听到他唱歌了。
关于这段话,我们可以知道什么?

(2)男:请问,邮局离这儿远吗?
女:不远,一直往前走,到路口一拐弯就到了。
男的要做什么?

2.(1)丈夫一进屋就翻箱倒柜地找东西。
(2)三个月以后,大卫的病终于好了。

第15课 一封被退回来的信

1.(1)张教授因为忙着写一篇文章,竟然两天没睡觉。

(2)我的信怎么被退回来了?

2.(1)男:你怎么不高兴了?
女:今天是我生日,你竟然什么礼物都没买!
女的为什么生气了?

(2)女:我已经等你半个小时了,你怎么才来?
男:我的车坏在路上了,我是跑来的。
男的为什么才来?

2.(1)信封上贴邮票的地方,竟然是我自己的照片。

(2)你怎么不打电话问问?

第16课 汽车的颜色和安全

1.(1)张方方很喜欢看电视,尤其是电视剧。

(2)大卫,你写错了,这儿应该填写的不是收信人,而是寄信人。

2.(1)男:他们还没和好吗?
女:是的,方方说她生气的原因不是杯子被弄坏了,而是小双的态度。
方方为什么生气?

(2)男:安妮,你看,比赛马上要开始了,大家都很兴奋。
女:是啊,尤其是大双旁边的大卫,又跑又跳的。
谁最兴奋?

2.（1）行车安全最重要的不是汽车的颜色，而是良好的开车习惯。

（2）我对文学很感兴趣，尤其是小说。

第17课　明天别来了

1.（1）那个工厂离我家很近，可是工资不高，方方让我别去应聘了。

（2）阿里的汉语说得特别好，他能流利地跟中国人聊天儿。

2.（1）男：张教授今天怎么这么高兴？
女：你不知道吗？他和学生们成功地解决了一个数学难题。
张教授为什么很高兴？

（2）女：你喝了酒，不能开车。
男：那咱们把车放在这儿，走回家，明天再把车开回去。
女的让男的做什么？

2.（1）一个年轻人懒洋洋地靠在箱子上。

（2）别太伤心了，事情一定会好起来的。

第18课　狗不理

1.（1）妻子告诉丈夫吸烟对心脏不好，还影响孩子的健康，他只好不吸了。

（2）这首歌很简单，也很好听，我一定要学会。

2.（1）男：这个地方车不多，道路还很宽，你就在这儿练习开车吧。
女：好，没有车，我就不害怕。
女的要做什么？

（2）男：你今晚怎么没去看演出？
女：今晚的票卖完了，我只好买明天的票去看了。
女的今晚为什么没去看演出？

2.（1）他忙极了，只好让顾客把钱放在桌子上。

（2）第一次开车上路，他有点儿紧张，还有点儿害怕。

第19课　不敢说

1.（1）医生说我不必吃药了，但是必须多喝水。

（2）我已经跟本杰明解释过原因了，他还是很生气。

2.（1）男：现在买东西真方便！
女：对，你不必出门，就可以在网上买到想要的东西。
他们觉得怎么买东西比较好？

（2）男：这个消息你告诉谁了？
女：安妮、方方都不知道，我只跟大双说过。
谁知道这个消息？

2.（1）小李头疼得受不了，可是不敢跟大夫说。

（2）我们是朋友，你不必客气。

第20课 数字中国

20-1

1.（1）今年牛奶的价格是去年的90%。

（2）这家公司有1000人，其中销售员800多人。

20-2

2.（1）男：这么多信都是你的？
女：是啊，我一个月能收到100多封，可是我没有时间看。
从对话中我们可以知道什么？

（2）男：你怎么不太高兴？
女：上个月我病了，没来上班，工资只有以前的50%。
从对话中我们可以知道什么？

2.（1）中国的长江长6397公里。

（2）说汉语的人占世界人口的23%。

© 2015 北京语言大学出版社，社图号 15129

图书在版编目（CIP）数据

新概念汉语（英语版）练习册．3 / 崔永华主编．——北京：北京语言大学出版社，2015.7
 ISBN 978-7-5619-4229-1

Ⅰ.①新… Ⅱ.①崔… Ⅲ.①汉语－对外汉语教学－习题集 Ⅳ.① H195.4

中国版本图书馆 CIP 数据核字（2015）第 145887 号

新概念汉语（英语版）练习册 3
XIN GAINIAN HANYU (YINGYU BAN) LIANXICE 3

排版制作：	北京创艺涵文化发展有限公司
装帧设计：	[美] Mila Ryk　张　静
插图绘制：	刘　谱　李慧麟
中文编辑：	付彦白
英文编辑：	侯晓娟
责任印制：	姜正周

出版发行：北京语言大学出版社
社　　址：北京市海淀区学院路 15 号，100083
网　　址：www.blcup.com
电子信箱：service@blcup.com
电　　话：编辑部　8610-82303647/3592/3395
　　　　　国内发行　8610-82303650/3591/3648
　　　　　海外发行　8610-82303365/3080/3668
　　　　　北语书店　8610-82303653
　　　　　网购咨询　8610-82303908
印　　刷：保定市中画美凯印刷有限公司

版　　次：2015 年 7 月第 1 版　　印　　次：2015 年 7 月第 1 次印刷
开　　本：889 毫米 × 1194 毫米　1/16　　印　　张：7.25
字　　数：251 千字
定　　价：03900

PRINTED IN CHINA